ケント・ギルバート

中華思想を妄信する
中国人と韓国人の悲劇

JN231033

講談社＋α《プラスアルファ》新書

はじめに——イギリスが韓国の戦争犯罪を追及する背景

二〇一七年二月に出版された前著、『儒教に支配された中国人と韓国人の悲劇』（講談社＋α新書）に対しては、予想をはるかに超える大反響をいただきました。そして、そうした読者の方々のお陰で、「二〇一七年の売上ナンバー1《ワン》新書」の座を獲得し、書籍全体総合でも第六位にランクインしました（日販資料）。

たくさんの人々に読んでいただいたぶん、賛否両論の感想をいただきましたが、一番多かったのは「腑に落ちた」や「疑問が解けた」というものでした。なかには一〇冊以上も購入し、友人や親戚に配ったという方もいらっしゃいました。購入や口コミを通じて応援してくださった読者の皆さまと、制作や宣伝、販売に尽力してくださった関係者の方々には、この場を借りて厚く御礼を申し上げます。

一部には「著者は中立を装ったレイシストだ」などという批判もありましたが、これは論理的思考が苦手で感情的な人たちが、自分たちに不都合な事実を指摘されて反論できないときに使う常套句《じょうとうく》なので、想定内でした。彼らには、このような決まり文句のレッテル貼りは、社会的信用を自らの手で貶《おとし》める行為であるという現実に、一日も早く気づいてほしいものです。

私が前著でもっとも訴えたかったことは、中国人や韓国人は、日本人やアメリカ人とはまったく違う常識や価値観に基づいて生きている、という事実です。もっとも、これはＤＮＡや人種に由来する問題ではなく、各国の長年の歴史に根差した文化や生活習慣から生じる違いであることを改めて強調しておきます。

ですから、評論家の石平《せきへい》氏や拓殖大学教授の呉善花《オソンファ》氏のように、中国人や韓国人として生まれても、その悲劇的な呪縛《じゅばく》から逃れられた人たちもいます。逆に日本生まれの日本人であっても、なぜか中国人や韓国人のような呪縛に囚《とら》われて生きている人たちもたくさんいます。

日本人やアメリカ人にとっては常識なのに、中国人と韓国人には非常識という具体例を挙げてみましょう。「嘘を吐《つ》くべきではない」「卑怯《ひきょう》なことをするべきではない」、そして「どれほど自分に都合が悪くとも、事実は事実として受け入れなければならない」などです。これらは単なるタテマエや偽善ではなく、日本人やアメリカ人の大半は「自分もそうあるべき」と考えています。しかし、中国人と韓国人はそうは考えません。前著では、その原因が

「儒教」に由来するのではないか、という仮説を展開しました。

ところで、私が長年暮らしている日本と、祖国であるアメリカ合衆国とが、激しい戦いを繰り広げた太平洋戦争は、一九四一年一二月七日、日曜日の朝八時頃（ハワイ標準時）、ハワイのオアフ島にある真珠湾（パールハーバー）に対する大日本帝国海軍の奇襲から始まりました。日本はアメリカ政府に正式な宣戦布告を行ったあと、真珠湾攻撃を開始する予定でした。しかし、駐米日本大使が暗号通信文の翻訳作業に手間取ったため、日本からアメリカに対する正式な宣戦布告は、真珠湾攻撃が終わったあとになってしまいました。

するとフランクリン・ルーズベルト大統領は、日本の宣戦布告が遅れたという事実を使い、「日本は卑怯《ひきょう》な騙《だま》し討《う》ち（スニークアタック）を仕掛けてきた」と国民に説明しました。さらに「リメンバー・パールハーバー（真珠湾を忘れるな）」というスローガンを用いて、第二次世界大戦への参戦に反対してきたアメリカ国民の愛国心と戦意、そして日本に対する敵意を煽《あお》りました。一方の日本側にも、宣戦布告が攻撃後になった事実を、いまだに負い目として感じている日本人が少なくないようです（実際にはルーズベルト大統領のほうが卑怯だったという話は、ここでは紙幅の都合で割愛《かつあい》します）。

真珠湾攻撃に関する日米両国の反応は、双方の国民に「卑怯なことは許せない」という常識があるから生じたものです。「卑怯な手段でも勝てればいい」という常識の中国人や韓国人にはあり得ない反応でしょう。彼らの常識では、「ズル賢い＝一番賢い」「バカ正直＝一番バカ」です。ですから謀略に嵌《は》められた日本人が悔しそうに「卑怯だ！」と叫ぶたび、彼らは「してやったり！」とほくそ笑んできたことでしょう。日本の政治家や外交官がこの常識の違いを意識せずに外交を行ってきたのは、自殺行為としかいえません。

前著の続編という位置付けの本書では、「中華思想」というテーマに沿って、日本人やアメリカ人の常識が、いかに中国人や韓国人には通用しないかという具体的事例をたくさん集めました。

本書を読み進めるうちに、笑い話では済まされない常識の違いに愕然《がくぜん》とし、絶望的な気持ちになるかもしれません。しかし、将来の日本を憂《うれ》い、現状の改善を望む皆さんには、この厳しい現実に正面から向き合い、彼らの野望を速やかに撃退する戦略を練り上げてほしいと願っています。

また前著では、マスコミをも侵食し始めている親中・親韓勢力について懸念を表明しましたが、それが現実になったのではないかという「現象」も身近で起こりました。前著を担当した編集者に対してです。まず、私の本への反対意見が左翼の論壇で取り上げられるようになり、その後、彼の自宅に嫌がらせ行為が連続して起こるようになりました。そして、最終的には警察に相談することになったというのです……。

本書で述べている通り、中華思想の華夷《かい》秩序で下位に属している日本人は、中国や韓国に対して何も反論してはいけない、ということなのでしょうか。この嫌がらせ行為の主体は判明していませんが、私の推論が正しいのであれば、勇気を持って続編となる本書を出版した意味は大きいと思います。

なぜなら、言論の自由こそが、中国や北朝鮮、そして本書で述べるように韓国には存在しない、平和を担保するための必要条件となるからです。

――「産経新聞」ロンドン支局長の岡部伸《おかべのぶる》氏が、二〇一七年九月、ベトナム戦争に派兵された韓国軍兵士がベトナム女性を性的暴行するなどして、「ライダイハン」と呼ばれる混血児が生まれた問題で、「暴行の犠牲者になった人たちを救おう」とするイギリスの民間団体、「ライダイハンのための正義」が設立されたことを記事で報じました（「産経ニュース」二〇一七年九月一九日付）。

記事によると、ロンドン市内で開かれたこの設立イベントには、ブレア、ブラウン両政権下で司法相や外相などを務めた労働党の重鎮《じゅうちん》、ジャック・ストロー氏も参加し、「ベトナムで韓国兵が行った性的暴行は重大な人権問題だ。被害女性が求めているのは賠償《ばいしょう》ではなく謝罪。韓国政府は女性たちに謝罪すべきだ。人権重視のイギリスから被害実態を調査することを国際社会に求めたい」と述べたそうです。

韓国は、こうした動きに対して、どのように対処するのでしょうか。中華思想を信奉する彼らにとって、「夷狄《いてき》」たるベトナム人を虐《しいた》げても、心に痛痒《つうよう》は感じないのでしょうか。

二〇一八年二月

ケント・ギルバート

目次◉中華思想を妄信する中国人と韓国人の悲劇

第一章　愛国は無罪——中華思想と事大主義

世界が中国を中心に回る華夷秩序

昨今の中国（本書では中華人民共和国のことを便宜的に中国と表記します）は拡張主義を掲げ、中国大陸だけでなく、南シナ海や東シナ海、さらには尖閣《せんかく》諸島や沖縄本島までも中国のものだと訴えています。まともな人間なら「何の冗談をいっているんだ」と突っ込みたくなりますが、どうやら彼らは本気のようです。

二〇一二年一一月、第一八期中央委員会第一回総会で中国共産党総書記に選出された習《しゅう》近平《きんぺい》氏は、直後の記者会見で「中華民族の復興に向けて努力することが私たちの責任だ」と語りました。要するに、中国は今後、覇権《はけん》国家を目指すと高らかに宣言したのです。

その後も習氏は事あるごとに「中華民族の復興」というスローガンを使っています。そして中国共産党はこれを実現させようと、アジアインフラ投資銀行（ＡＩＩＢ）の設立や、一帯一路構想など、世界各地で動いています。中国の横暴に対して他国の政府要人などが抗議すると、共産党の連中は大人しくなるどころか、より大きな声で自分たちの正当性をアピールすることに鑑《かんが》みても、彼らが本気で覇権国家を目指していることは間違いないでしょう。

そんな中国は「九段線」なるものを根拠に「南シナ海は中国の領海である」と主張しています。

「九段線」とは、中国が勝手に地図上に引いた、中国の領海を示すラインです。しかし、その範囲は、南シナ海のほぼ全域にわたっています。つまり「南シナ海は中国の海だ」と、自分勝手に定めたものなのです。

本来、南シナ海は、フィリピン、ブルネイ、インドネシア、マレーシア、シンガポール、ベトナムなどが共存している海です。それにもかかわらず、中国は南シナ海に浮かぶスプラトリー（南沙）諸島で勝手に埋め立てを行い、軍事拠点を完成させています。

当然、中国のこの横暴に対しては、世界中から大きな批判が寄せられています。しかし、中国はそれに耳を傾けないどころか、批判してくる国を責め立てているのだから驚きです。

二〇一六年三月、南シナ海で軍事拠点化を進める中国に対してアメリカのアシュトン・カーター国防長官（当時）が警告を発した際には、「アメリカは誇張や大げさな宣伝、威嚇的《いかくてき》な言動をやめて、南シナ海の平和と安定を守ろうとしている地域国家の努力を尊重せよ」と反発したのです。

また、「南シナ海の領有権を訴え開発を進める中国は国連海洋法条約に違反している」として、フィリピン政府は前大統領のベニグノ・アキノ三世政権の時代、オランダ・ハーグの常設仲裁裁判所に仲裁を求めました。そしてロドリゴ・ドゥテルテ氏が大統領に就任した直後の二〇一六年七月、中国が南シナ海に独自に設定した「九段線」には法的根拠がないという裁定を、常設仲裁裁判所は発表したのです。しかし、胡錦濤《こきんとう》前政権下で外交トップを務めた元国務委員の戴秉国《たいへいこく》は、この裁定について「何も重大なことではない、ただの紙くずだ」と述べたのです。

中国という国は、なぜこのような横暴な振る舞いを続けるのでしょうか。

彼らの行動を見ていると、「世界は自分たちを中心に回っている」と考えているようにしか思えません。そしてこの考えこそ、中国人が伝統的に抱いている「中華思想」の本質なのです。

中華思想とは具体的にどのようなものなのか。台湾出身の評論家、黄文雄《こうぶんゆう》氏は、著書『中華思想の嘘と罠——中国の正体を見る』(PHP研究所)で、以下のように説明しています。

〈中華思想とは、きわめて自己中心的、自国中心的であるがゆえに、世界意識としては、天下中心主義的天下国家観が生まれ、その具体的な政治体制としては唯《ゆい》一君万民制が生まれ、我独尊《がどくそん》の人物やら独裁専制の体制も生まれてくるのである〉

まさに、昨今の中国そのものではないでしょうか。

中国四川《しせん》省出身で、現在は日本国籍を取得している評論家の石平氏は、「産経新聞」の連載「石平のChina Watch」のなかで、中華思想を以下のように解説しています。

〈昔ながらの中華思想は、外部世界に対する「中華」の絶対的優位性を主張するのと同時

に、いわゆる「王土思想」を世界観の基軸としている〉(二〇一六年七月二八日付)
石平氏によれば、中国古典の『詩経《しきょう》』の「小雅」には、〈天の下に広がる土地は全て天の命を受けた帝王の領土であり、その土地に住む人民はことごとく帝王の支配を受《う》くべきもの〉という記述があるそうです。この考えを「王土思想」といいます。そして、漢王朝以降の中国歴代王朝では、この思想が中華帝国の政治原理となっているのです。
つまり中華思想とは、少し乱暴な言い方をすれば、「中国こそが世界の中心であり、それ以外は未開の蛮族である」という、中国伝統の思考回路なのです。そのため、四方の異民族には「四夷《しい》」という蔑称《べっしょう》を付け、それぞれ東夷《とうい》、西戎《せいじゅう》、南蛮《なんばん》、北狄《ほくてき》と呼んでいました。ちなみに日本は東夷に当たりますが、このような考えは「華夷秩序」とも呼びます。
中国では、自分たちの皇帝を頂点として、周辺諸国の君主と君臣関係を結んできました。これは「冊封体制《さくほうたいせい》」といいます。朝鮮などはこの体制を強いられ、長年、中国の属国としての歴史を歩んできました。

変質した中華思想の行く末

中国の外交は、常に上から目線です。日本に対してはそれが特に顕著で、「靖国神社に参拝するな」「正しい歴史を直視せよ」などと、何かと政府に注文をつけてきます。このような注文の背景にも、華夷秩序の意識が内在されていることは明らかです。

そもそもの中華思想は、とても内向きな考え方ともいえました。前述の通り、中華思想とは「中国こそが世界の中心である」とする考えです。すなわち、自分たちの住む「中原《ちゅうげん》の地」がすべてであり、それ以外の地は人間ともいえない蛮族の住む場所だということです。

この点について、共著『いい加減に目を覚まさんかい、日本人！』（祥伝社）で対談した作家の百田尚樹《ひゃくたなおき》氏は、以下のように解説しています。

〈「化外《けがい》の地」とは蛮族の住む地であり、中華の権力や法律の及ばない地という意味です。だからかつての中国王朝は覇権主義ではなかった。チベットなどの他国、あるいは東アジアを支配するという意識はなかった〉

万里の長城は、自分たちの住む土地に蛮族が入ってこないように建造されたものです。百田氏の言葉を借りるなら、「お前たちは、これ以上入ってくるな」という思いが込められた壁なのです。だからこそ中国の歴代王朝は、万里の長城の外側、つまり彼らのいう「化外の地」を占領したり支配することは、一度もありませんでした。

ところが、現在の中国、中華人民共和国は違います。「化外の地」に当たるはずのチベット（チベット自治区）や東トルキスタン（新疆《しんきょう》ウイグル自治区）、そして南モンゴル（内モンゴル自治区）を占領し、近年は南シナ海や東シナ海の領有権まで訴えています。かつての内向きだった中華思想とは異なり、完全に外向きな拡張主義へと変節したのです。

なぜ、中華思想はこのように姿を変えたのでしょうか。

そもそも中華思想には、黄文雄氏が指摘するように「自己中心的」「自国中心的」な考えがあります。要するに「わがまま」な考えです。歴代中国は、「万里の長城の内側は俺たちの土地だ、誰も入ってくるな」と主張しました。これは普通です。

しかし、二〇世紀半ばに建国された中華人民共和国の時代になると、日本やソビエト社会主義共和国連邦（ソ連）をはじめとする諸外国の援助のお陰で、歪《いびつ》な形とはいえ、経済発展を遂げました。それと引き換えに彼らが失ったのは環境です。大気は汚染され水質も悪化。がんの発生率が異常なまでに高まったり、奇形児が大量に生まれている地域もあります。現在の中国は人間が住むような場所ではなくなってしまったのです。

だからといって野垂《のた》れ死ぬわけにはいきません。中国は約一四億人もの人民を抱えており、彼らを養っていかなくてはならない……。「これは俺たちのものだから誰も触るな」といった内向きな思考のままではいられないことに気が付いたのです。

また、中国は経済発展に伴って軍事拡張を続けました。彼らは近代的な艦船を手に入れたことにより、やがて海洋にも目を向けるようになりました。

すると中国は別の「わがまま」を言い始めたのです。「それは俺たちのものだから寄越せ」という「わがまま」の領域が拡大したのです。「尖閣諸島は中国の領土だ」「南シナ海は中国の領海だ」という主張が、まさにそれに当たります。

「実るほど頭《こうべ》を垂れる稲穂かな」ということわざの存在が示すように、日本は、偉い人ほど謙虚であることが美徳とされる国柄です。その究極は天皇陛下のお姿でしょう。ですから、偉そうに振る舞う日本人は嘲笑《ちょうしょう》されます。

一方、習近平国家主席の態度を見ればわかるように、中国では「偉い人は偉そうに振る舞うべきだ」と考えられています。偉そうにしていないと、人々から「威厳がない」「軽い」と思われるからです。

二〇世紀、巨大な発展途上国に過ぎなかった中国の指導者は、過去の栄光を振り返ると惨《みじ》めさを感じていました。しかし二一世紀の現在は、経済的にも軍事的にも、確かに大国になりました。だから中国共産党や人民解放軍の幹部たちは、中国は国際社会で偉そうに振る舞うべきだ、そしていまこそ「覇権国家」を目指すべきだと本気で考えているのです。

かつての内向きだった中華思想から変質したとはいえ、極めて「自己中心的」「自国中心的」な考えであることに変わりはありません。そして中国は、この考えのもとで国家を運営している……。

近隣諸国にとって、より厄介《やっかい》な存在になったことはいうまでもありません。

相性抜群の中華思想と共産主義

中国が外向きになった理由は他にもあります。ご存じの通り、中国は一党独裁の共産主義国家です。そして共産主義者たちは、共産主義を世界に広めなければならないという、自由主義・民主主義の国からすれば、はた迷惑な使命感を抱いています。

かつてはソビエト社会主義共和国連邦（ソ連）が、その使命を果たそうとしていました。一九二二年、ロシア革命の結果として誕生したソ連は、その後、周辺国家を次々と占領して領土を拡大していった。世界各地で工作活動も続けました。国共内戦で蔣介石《しょうかいせき》が率いる国民党を破り、中華人民共和国の建国に尽力《じんりょく》した中国人民解放軍の前身たる八路軍《はちろぐん》も、まさにソ連から支援を受けていた武装組織でした。

そう、中華人民共和国の建国はソ連の意向であり、建国当時の中国は、ソ連の傀儡《かいらい》国家に過ぎなかったのです。

一九五三年、ソ連の二代目の最高指導者、ヨシフ・スターリンが死去し、ニキータ・フルシチョフが新しい指導者に就任すると、ソ連では政敵の粛清を続けてきたスターリンに対する批判が巻き起こりました。するとどうなったでしょうか。中華人民共和国初代国家主席の毛沢東《もうたくとう》は、ソ連のスターリン批判が中国にも飛び火して、国内で自分に対する批判が巻き起こるのではないかと恐れたのです。そのため、毛沢東率いる中国は、フルシチョフ批判を始めると同時に、次第にソ連に背を向けるようになっていきました。

また、中国が現代のような覇権主義を隠さなくなったのは、一九九一年にソ連が崩壊したからです。ソ連が消えたことにより、中国は世界一巨大な共産主義国家に躍《おど》り出ました。そして、「共産主義を世界に広める」という使命を率先して果たすべき立場になったとの思いから、実際に行動に出ているというわけです。

前述の通り、もともと共産主義者は、共産主義を世界に広めるという使命感を抱いています。共産主義者は、キリスト教、イスラム教、ユダヤ教などの伝統的な宗教を認めません。なぜなら共産主義そのものが、彼らの宗教だからです。

加えて中国人には中華思想があり、「中国こそが世界の中心である」と考えています。すなわち他国を侵略する際、最高の言い訳を得たことになるのです。

たとえば第二次世界大戦後、中国は、チベットやウイグル、そして南モンゴルを「自治区」と称し、半ば一方的に編入しました。これは常識的にいえば侵略に当たるはずですが、中華思想の下では、「チベットを開発してあげている」「ウイグルや内モンゴルの発展を手伝っている」と言い訳できます。よって、世界を真っ赤に染めようとする共産主義と、「中国こそが世界の中心である」という中華思想は、相性が抜群《ばつぐん》であるといえましょう。

大陸の一部だから日本より偉い？

中華思想は中国を中心とする考えですが、その変形版である「小中華思想」に支配されているのが韓国です。

長年、中国の属国としての歴史を歩んできた朝鮮は、中国と同じく儒教（朱子学）を基軸とした国家を構築してきました。中国の王朝が次々に代わっても、朝鮮の立場はずっと同じでした。しかし、一六四四年に明《みん》が滅び、清《しん》が中国を支配するようになると、朝鮮のなかで変化が生じました。清は儒教を重んじる漢民族ではなく、女真族《じょしんぞく》という北方の異民族によって作られた国だったからです。

当時の朝鮮人は、清を「夷狄《いてき》の王朝」だと捉えたのでしょう。朝鮮こそが儒教を基軸とした小中華であると考えました。ですから表向きは清を宗主国として崇《あが》める一方で、裏では「自分たちこそが高度な文化を保有する国だ」と嗤《わら》っていました。これが小中華思想と呼ばれる考えの正体です。

属国の歴史を歩み続けてきたため、朝鮮人には強い者には媚《こ》びへつらうという体質が染み付いています。いわゆる「事大主義《じだいしゅぎ》」です。そして、中国が強国として中国大陸に君臨していた時代は非常にシンプルでした。ひたすら中国の歴代王朝にひれ伏していれば、それでよかったからです。

しかし一八〇〇年代になると、清朝の力が衰え、一六世紀からアジアの国々を植民地にしてきたヨーロッパの国々が、中国大陸にも目を向け始めました。特にイギリスは、植民地のインドで栽培したアヘンを清に密売することで巨利を得ていました。その後、一八四〇年に勃発《ぼっぱつ》したアヘン戦争でイギリスに敗れた清は、上海《シャンハイ》などを「租界」として提供せざるを得なくなるなど、凋落《ちょうらく》の一途を辿《たど》ります。結局、一九一二年には清朝が滅亡し、孫文《そんぶん》を臨時大統領とする中華民国が建国されました。

清朝末期の朝鮮は、どの国の属国として生き残るべきかを考え、日本とロシアを天秤《てんびん》にかけた……。最終的には日露戦争に勝利した日本を選び、それが一九一〇年の日韓併合に繫がりました。

日本が韓国を併合したのは、韓国側から要望を受けたからです。日韓併合は、まさに韓国の事大主義の象徴といえるでしょう。

ただし、その一方で、彼らには小中華思想があります。加えて、儒教の強い影響下にあった朝鮮では上下関係を重んじる傾向が極めて強く、中国こそが一番であり、それに次ぐのが自分たちだと考えていたのです。

にもかかわらず、日韓併合を求めるしかなかった――このとき彼らのなかに大きな矛盾《むじゅん》とコンプレックスが生じました。

当時のアジアは、欧米による植民地支配が続いていた時代です。その激動の時代に自分たちはどうすべきなのか——当時の朝鮮人は、小中華思想というプライドと事大主義という保身のどちらを優先させるべきか考え、結局は後者を選び、日本に保護を求めたのです。

しかし、日本の敗戦というかたちで第二次世界大戦が終わり、国共内戦を経て国民党政府が台湾へと逃れ、中国共産党政府、現在の中華人民共和国が中国大陸を支配するようになると、事情が変わってきました。清や中華民国とは違い、中華人民共和国は混乱の時代を乗り越えると、覇権国家としての道を邁進《まいしん》するようになったからです。

その一方、日本は敗戦を機に弱体化しました。アメリカからいわゆる「平和憲法」を押し付けられ、憲法第九条二項では戦力の不保持や交戦権の否認まで謳《うた》い、国防の重要な要素である「敵地攻撃能力」について、アメリカに任せ切りになりました。

すると韓国は、日本は弱小国になったと判断したのでしょう。アメリカの顔色を窺《うかが》いつつも再び中国に媚《こ》びへつらい、同時に日本を見下すようになりました。

そしてこのとき、現代の小中華思想が確立したのです。中国こそが親であり、その隣国で儒教思想が根づいた国家たる韓国が長男、そして中国と海を隔てた島国の日本は次男である——この順位づけこそが、現代版の小中華思想です。

韓国の反日が激化する理由

二〇一一年三月一一日に日本で東日本大震災が発生すると、その直後に行われたサッカーの試合で、韓国人サポーターが「大地震をお祝います」(原文ママ)と書かれた横断幕を掲げて大きな問題になりました。

日本が災害国家であることは韓国人もよく知っています。だから「日本列島から逃げたいと思っている日本人が多い」と誤解している韓国人も少なくないそうです。朝鮮半島が中国大陸の一部に位置していることに、優越感を抱いているのかもしれません。

また韓国では、「未開の島だった日本に中華文明を伝えたのは我々だ」という歴史を教えているそうです。だからこそ、韓国が日本よりも中国の近くに位置していることに優越感を抱いている。北朝鮮に対して隠しきれないコンプレックスが韓国人のなかに存在する一因も、もしかすると、ここにあるのかもしれません。そのような彼らの思考こそ、まさに小中華思想であるといえるでしょう。

韓国人は歴史問題で日本を責め立てる際に、「日韓併合時に朝鮮半島から七つのものを奪った」と主張します。主権、国王、人命、国語、名前、土地、資源を奪ったというのです。韓国ではこれを「七奪」と呼んでいます。そして彼らは七奪を根拠に、「自分たちが反日であるのは当たり前だ」と考える傾向があります。

現在の韓国（大韓民国）と北朝鮮（朝鮮民主主義人民共和国）の前身、当時は大韓帝国と名乗っていた朝鮮民族の国家は一九一〇年から一九四五年までの三五年間、日本に併合されました。もちろん、それは彼らが決めたことだったのですが、中国から遠い島国の、朝鮮人よりも劣るはずの日本人に統治されることになったのには、忸怩《じくじ》たるものがあったはずです。

さらに戦後になると、日本は凄まじい勢いで復興を果たし、世界の一等国に復帰しました。これでは韓国人がいくら小中華思想を掲げたところで、矛盾が生じてしまいます。だからこそ、彼らは七奪を主張し始めたのです。そうすることで、自分たちのアイデンティティとプライドを守ろうとしているわけです。

韓国出身の評論家、呉善花氏は、著書『侮日論――「韓国人」はなぜ日本を憎むのか』（文藝春秋）の冒頭で、以下のように解説しています。

〈韓国では「日本人には無礼を働いてもかまわない」という通念が、世間一般に広くあります。なぜかというと、多くの韓国人が無意識のうちに「日本人は侮辱《ぶじょく》するに価する人々」と考えているからにほかなりません〉

やはり彼らの反日感情には、小中華思想を根拠とした差別意識が根底にあるようです。もし尊敬される韓国人でいたければ、日本を馬鹿にした態度を取る必要があるのです。皇室を敬わない日本人は、非難されたとしても普通に生活できますが、日本を馬鹿にしない韓国人は、非国民扱いされるだけでなく、社会的にひどい目に遭うのです。ところが、日本を馬鹿にしたくても、合理的な理由は存在しません。

だからこそ、終戦から七〇年が経ったいまもなお戦時中のことを掘り起こし、事実を歪《ゆが》めて日本を糾弾《きゅうだん》し、それを世界中に拡散し続けているのですが、取りたてて韓国に興味のない人たちにとっても、嘘を拡散されることは迷惑千万です。

朝鮮は過去に、中国やロシアからの侵略も受けています。しかし、韓国人が両国に対して謝罪や賠償を求めることはありません。韓国の歴史教科書を見ても、「(朝鮮半島を) 侵略した」という表現を使っているのは日本に対してだけであり、中国やロシアに対しては「内政干渉を行った」という表現で記載されているのだそうです。

なぜ表現を使い分けているのか。ここにも小中華思想があるのでしょう。朝鮮より上に位置する中国、また中国の皇帝を頂点とする華夷秩序の内側にいないロシアには、怒りの感情を抱かないのです。そして、下位に位置する日本が朝鮮半島を統治したということだけが永遠に許せない……。

似たような話は他にもあります。日本と朝鮮は一八七六年に日朝修好条規を締結しました。そして、この条約の第一条には以下の通り記されています。

〈朝鮮國ハ自主ノ邦ニシテ日本國ト平等ノ權ヲ保有セリ〉

清の属国だった朝鮮を独立国として認め、日本と平等の権利を保有していると謳っているのです。しかし、現在の韓国ではこれを「世界で一番不平等」な条約だったといっています。ただ日朝修好条規締結の六年後、朝鮮は清とのあいだで中朝商民水陸貿易章程を締結しましたが、この条約には、朝鮮が清の属国であることが記されています。

どう考えても日朝修好条規よりも不平等です。しかし韓国では、中朝商民水陸貿易章程には言及せず、日朝修好条規ばかりが批判の対象になっているのです。

日本を下位に位置づけ、だからこそ日本を責め続ける——韓国の反日が激化する理由は、差別意識にあるわけです。しかし、そんな現代韓国人は漢字を読めなくなったので、韓国政府とメディアが作り上げてきた嘘の歴史を検証できません。それに、恐らく反日の根拠となる事実に疑問を呈する行為そのものが、韓国では非国民的な態度なのでしょう。

「まさか日本人が怒るなんて」

近年、日韓関係は悪化の一途を辿《たど》っています。

二〇一五年一二月、当時の岸田文雄《きしだふみお》外務大臣と尹炳世《ユンビョンセ》外交部長官のあいだで日韓合意がなされ、「最終的かつ不可逆的に解決する」ことが確認されたはずの慰安婦問題ですが、その直後には、韓国・釜山《プサン》の日本総領事館前に新たな慰安婦像が設置されました。

その後も、韓国側が慰安婦問題で日本を糾弾《きゅうだん》する姿勢に変わりはありません。二〇一七年一一月、韓国国会の法制司法委員会は、毎年八月一四日を「日本軍慰安婦被害者をたたえる日」に指定しました。慰安婦問題の解決など夢のまた夢です。

日韓が抱えている問題は慰安婦問題だけではありません。徴用工問題や日本海呼称問題など、放置すれば大変な事態に発展する可能性が高い極めて厄介《やっかい》な問題は、まだまだあるのです。韓国国内では、元徴用工とされる人々によって、日本企業に対する損害賠償請求訴訟も相次いでいます。

また韓国は、世界に「東海」という呼称を広めようとしています。二〇一四年にアメリカのバージニア州では、教科書で日本海について記載する際には「東海」も併記することが決まりました。今後もこのような判断をする国や地域が増えるかもしれません。

このように、とにかく韓国は、日本に文句ばかりいってきます。しかしその一方で、彼らにはおかしな傾向があるように思えてなりません。「韓国人が日本を責めるのは当然だが、日本人が韓国人を責めるのはおかしい」と考えているようなのです。

二〇一二年八月一〇日、李明博《イミョンバク》大統領（当時）は竹島に上陸しました。それだけではなく、その四日後には天皇陛下に対して「韓国を訪問したいのなら、独立運動で亡くなった方々に対し心からの謝罪をする必要がある」と語ったのです。

そもそも「独立運動で亡くなった方々」とは誰を指すのでしょうか。日韓併合は韓国側が望んだ結果ですし、韓国はアメリカが日本との戦争に勝ったおかげで、棚ぼた的に独立できた国です。韓国が日本と独立戦争を戦った歴史など一切ありません。多大な犠牲者を出した朝鮮戦争は、韓国と北朝鮮の同胞同士の戦いであり、多くの韓国人は、同じ朝鮮民族や北朝鮮に加勢した中国人によって殺されました。

そのうえ、天皇陛下が韓国を訪問する予定などなかったにもかかわらず、李大統領はいきなりこのような発言をしたのだから驚きです。

この発言には普段温厚な日本人も怒りの声を挙げました。当時の野田佳彦《のだよしひこ》内閣が撤回を求めただけでなく、多くの国民がインターネットなどを通じて李大統領を糾弾したのです。するとと驚いたのは韓国側です。彼らは「日本人には何をしてもよい、何をいってもよい」と考えていたのでしょう。「まさか日本人が怒るなんて……」と驚愕《きょうがく》しました。

李大統領の天皇への不敬発言で

彼らが「日本人は怒らない」と勘違いしてしまったのも無理はないかもしれません。戦後の日本は、韓国側からの理不尽《りふじん》な要求を何度も受け入れてきたからです。

一九六五年の日韓基本条約締結時には、「独立祝賀金」として、無償三億ドル、政府借款二億ドル、民間借款三億ドルものお金を支払いました。これは当時の韓国の国家予算の約二年分に匹敵し、現代の価値に換算すれば四〇兆円にもなります。しかも、日本統治時代に建設した学校や道路や鉄道、あるいは発電所や工場などのインフラについては、日本はその代金を一切、受け取っていません。

このように、韓国は日本から莫大《ばくだい》な資金を受け取ったにもかかわらず、その事実を国民に伏せました。そのうえで、その後も謝罪や賠償を求めてきます。また、日本の領土である竹島を、漁船を拿捕《だほ》して漁師を人質にとる卑怯な手段で占領し、現在は様々な施設を建設しています。それでも日本人はずっと堪《た》えてきました。

しかし、李大統領の天皇陛下に対する不敬発言で、いよいよ日本人の堪忍袋《かんにんぶくろ》の緒が切れたのです。基本的にいつも感情的な韓国人には、堪忍袋などありません。だからこそ、日本人が怒ったことに驚きました。そして、なぜ日本人が怒っているのか、まったく理解できなかったのです。

二〇一五年一一月一一日、中国関連のニュースを日本語で配信する「レコードチャイナ」には、〈「嫌中・嫌韓」の世論調査結果に韓国ネットは「なぜ日本は韓国を嫌うのか？」＝日本ネットつれない反応〉という記事が掲載されました。記事では以下のように語っています。

〈韓国政府が実施した世論調査で、日本国民は「嫌中・嫌韓」意識が強く、中国国民は「反日・親韓」感情を抱いているとの結果が出たことについて、韓国のネットユーザーからは「中韓を苦しめた日本が我々を嫌う理由が分からない」と疑問視する声が多かった〉

この世論調査は、韓国外交部が世界一四ヵ国の成人五六〇〇人を対象に実施した「好感度調査」です。記事によれば、韓国に好感を持つと答えた日本国民は一四・〇%、嫌悪《けんお》すると答えた日本国民は五九・七%にも上ったそうです。いまだ韓国に好感を持っている日本国民が一四・〇%もいることには驚きですが、もっと驚いたのは、この結果に対する韓国人の反応です。「レコードチャイナ」の記事によれば、韓国人はインターネット上で以下の反応を示したというのです。

〈過ちを犯し、中国や韓国を苦しめたのは日本。中韓が日本を嫌うことはあっても、日本が中韓を嫌うのは理解できない〉

彼らがいうように、仮に日本が「韓国を苦しめた」という過去があったとしても、日韓基本条約の締結によって、両国間の請求権は「完全かつ最終的に解決」したはずです。だからこそ、日本は八億ドルもの大金を支払った……にもかかわらず、彼らは「韓国を苦しめたのは日本」であり、日本人が韓国人を嫌うのはおかしいといっているのです。「日本人には韓国を嫌う資格がない」とでも考えているのでしょうか。もしそうなら、まずは八億ドル、いや、利息は負けるから、現在の価値に換算した四〇兆円を返してもらいたいものです。貰《もら》うものだけ貰っておいて、そのとき約束をしたことを反故《ほご》にする韓国人には、「日本人に対して文句をいう資格はない」といわなければなりません。韓国人は反日に夢中になるあまり、日韓基本条約の存在さえ忘れているのかもしれません。

反日と同時に観光客の誘致を？

最近、改めて韓国を「おかしな国だ」と感じたことがありました。

韓国では次々と慰安婦像を設置し、ソウル市内を走るバスにまで像を載せています。それにもかかわらず、その一方では、日本人観光客を呼び戻そうとしているのです。韓国人が「日本人にもっと韓国に来てもらいたい」と呼びかける報道は少なくありません。また、実際に韓国に行くと、日本人観光客が減少していることを憂《うれ》えている人がたくさんいます。

米軍の終末高高度防衛ミサイル（ＴＨＡＡＤ）の韓国配備をめぐって中国政府は中国人の訪韓を規制し、中国人観光客が激減しました。インターネットには、人っ子一人いない仁《イン》川《チョン》空港の写真がアップされ、日本でも話題になりました。資源などに乏しい韓国にとって、観光業は大きなビジネスです。だから中国人観光客が消えたいま、再び日本人を呼び戻そうとしているのでしょう。

「レコードチャイナ」の報道によれば、訪韓した日本人の数は、二〇一二年の三四一万八七九二人をピークに年々減少しているそうです。二〇一五年は前年比で一九・四％減でしたが、その年九月に開催された「ツーリズムＥＸＰＯジャパン」で、韓国はひときわ大きなブースを出していたそうです。この「ツーリズムＥＸＰＯジャパン」とは、二〇一四年から東京で開催されている総合観光イベント。世界各国・地域から出展者が集まり、それぞれの魅力を来場者に伝え、観光客を呼び込んでいます。

このイベントの取材に行った私の知人が、ブースにいた韓国人スタッフに「ずいぶんと大きなブースですね」と話しかけたところ、以下のように答えたといいます。

「最近、日韓関係が悪化しているので、すっかり日本人観光客が減ってしまいました。日本人を呼び戻そうと、今年はお金をかけてＰＲしています」

大きなブースを出すことに文句はありませんが、日本人観光客が減少した理由が日韓関係の悪化にあることが分かっているのであれば、まずはそれを改めるべきでしょう。そして日韓関係の悪化のきっかけは、「朝日新聞」による、いわゆる「従軍慰安婦強制連行」に関する一連の報道だったかもしれませんが、最近は、ほぼ一〇〇％韓国側に原因があります。

韓流ドラマやＫ‐ＰＯＰをきっかけに韓国という国に親しみを持ち、訪韓する日本人がせつかく増えたというのに、図に乗った韓国は日本人の心を踏みにじったのです。日本人観光客を本気で呼び戻したいなら、反日をやめることから始めるべきなのは明らかです。しかし韓国人がそれをいえば、「非国民扱い」されるでしょう。

「首相と韓国議長の椅子を同じに」

現代版の小中華思想に支配された韓国人は、日本は自分たちより下位であると考える義務を負っています。それは韓国政府のコメントからも窺《うかが》い知ることができます。中国と同様に、とにかく彼らは、内容の如何《いかん》を問わず、日本に対する「要求」が多いのです。

その要求の多くは歴史問題に関することで、たとえば二〇一五年八月、安倍晋三《あべしんぞう》首相の談話が発表される直前には、「談話の内容は、村山《むらやま》談話や河野《こうの》談話など歴代内閣の正しい歴史観を引き継ぐべきだ」という要望を出しました。これは内政干渉です。

それから閣僚が靖国神社を参拝するたびに抗議をしてきます。とにかく自分たちの思い通りにならないと、日本を厳しく責め立ててくるのです。

また、経済に関する要求も少なくありません。二〇一七年六月には韓国国会の丁世均《チョンセギュン》議長が来日、同月八日には衆議院議長の大島理森《おおしまただもり》氏（自民党）と会談したのですが、「産経新聞」二〇一七年七月一日付の報道によれば、〈二〇一八年平昌《ピョンチャン》冬季五輪への日本人観光客訪問を求め、「もし少なかったら二〇二〇年東京五輪には一人の韓国人も行かせない」と述べるなど、不規則発言を繰り返して現場を混乱させていた〉のだそうです。

丁氏の要求は、常識では理解できません。平昌五輪に行くかどうかは個人の自由です。なぜ韓国側から、このような要求を受けなければならないのでしょうか。

丁氏が「もし少なかったら二〇二〇年東京五輪には一人の韓国人も行かせない」といった際に、大島氏はどのような回答をしたのでしょうか。もし私だったら、「構いません、韓国人は東京五輪に一人も来ないでください」といったことでしょう。世界で日本ブームが沸騰しているいま、世界中の旅行者が日本中に溢《あふ》れることは目に見えているのですから。

ちなみに丁氏はその後、安倍首相とも会談しました。しかし、その前月に大統領特使の文《ムン》喜相《ヒサン》氏が安倍首相を表敬訪問したとき、首相が座っていた椅子が文氏の椅子より少し大きかったことを挙げ、会談前に「首相と韓国議長の椅子を同じものにしてほしい」と要求してきたそうです。たとえ相手が総理大臣であっても、下位である日本人が自分より豪華な椅子に座っているのは許せないのでしょう。

北朝鮮のミサイル発射の翌日に

本来、民主主義陣営の一員として戦後に誕生した韓国（大韓民国）には、北朝鮮や共産主義という明確な敵がいたはずです。だから韓国は朝鮮戦争で北朝鮮と戦い、日本やアメリカもそれを支援したのです。しかし、いまの韓国は、すっかり変わってしまいました。もはや韓国の敵は北朝鮮や共産主義ではなく、日本になっているのです。

二〇一七年一一月二九日、北朝鮮が弾道ミサイル一発を発射すると、青森県沖の日本の排他的経済水域（EEZ）内の日本海に落下しました。本来は韓国の敵国であるはずの北朝鮮が、何かと援助をしてくれた日本に向けてミサイルを発射したわけです。にもかかわらず、韓国政府が北朝鮮への人道支援を実施する手続きに入ることを日本政府に伝えていたことが、その翌日、明らかになりました。

一二月一日付の「産経新聞」は、以下のように報じています。

〈韓国政府は九月二一日、国連児童基金（ユニセフ）や世界食糧計画（WFP）を通して北朝鮮に八〇〇万ドル（約八億九〇〇〇万円）相当の人道支援を実施することを決定〉

〈トランプ米大統領は九月二一日に米ニューヨークで行われた日米韓首脳会談で、北朝鮮に融和的な態度を続ける文在寅《ムンジェイン》大統領に「韓国の人道支援は逆のメッセージで良くない」などと不満をぶつけ、安倍晋三首相も否定的な見解を伝えた。文氏は「人道支援を実際に行うタイミングは慎重に考える。日米の足並みを乱すことはしない」と応じていた〉

〈安倍首相と文氏は一一月二九日の北朝鮮のミサイル発射後に電話で会談し、日韓米が緊密

に連携して北朝鮮への圧力を一層強化することを確認したが、文氏の言動は一致しないようだ〉

もはや韓国は、北朝鮮に完全に取り込まれた国なのかもしれません。少なくとも文大統領は、北朝鮮と対峙《たいじ》することよりも、ただ感情的に反日を続けること、それだけを目指しているようにさえ感じます。

彼らが頑《かたく》なになる理由は、やはり小中華思想と儒教の教えに支配されているからでしょう。儒教の世界では、兄弟にも序列があり、兄の存在は絶対です。しかし日韓を比較すると、どう見ても弟のはずの日本のほうが政治的には成熟しており、また文化や経済などすべての面で世界から評価されています。兄であるはずの韓国は、その状況を受け入れられない。でき過ぎた弟など認めるわけにはいかないのです。

また、長男であるはずの自分たちのいうことを聞くべきだとさえ考えています。だからこそ、日本に対して様々な注文をつけてきているというわけです。

日本が従順に韓国の教えに従うしか、日韓関係が良好になる術《すべ》はないのかもしれません。それを画策しているかのような政治家やメディア関係者も日本には間違いなく存在しますが、もちろん、そんなことをしたら日本は不幸になるだけ。日本が対等な関係を望んだところで、彼らがそれを受け入れることはないでしょう。

「日本を奴隷のように扱いたい」――それが彼らの本心なのですから。

国内外で殺戮を続けてきた歴史

さて中国大陸は、常に争いの歴史を刻んできました。紀元前二二一年に秦《しん》の始皇帝が初めて中国を統一しますが、秦はその一五年後には滅んでしまいます。それ以降、中国大陸では「易姓革命《えきせいかくめい》」が繰り返されてきたのです。この「易姓革命」とは、『ブリタニカ国際大百科事典』によると、〈天子は天命によってその地位を与えられて天下を治めるが、もし天命にそむくならば、天はその地位を奪い、他姓の有徳者を天子とするという思想〉です。

すなわち日本のように、神の子孫とされる万世一系の皇室が続いているわけではなく、クーデターや異民族の侵入などで、王朝が何度も代わっています。そのたびに民衆を巻き込む大きな争いが繰り広げられ、多くの人々が犠牲になってきたのです。

前王朝の文化は徹底的に破壊され、歴史が塗り替えられてきました。中国大陸に生まれた人々は、伝統を育《はぐく》む太平の世などとは無縁だったのではないでしょうか。

同胞同士の殺戮《さつりく》は、古くは唐《とう》の玄武門《げんぶもん》の変のような兄弟による争い、明の靖難《せいなん》の変のような叔父と甥の諍《いさか》い、漢《かん》の武帝と皇太子が長安の都で繰り広げた父子の戦いなど、数限りなくあります。

現在の共産中国は、領土内で国民党と激しく争っただけでなく、近隣国とも衝突を続けています。一九六二年にはインド、一九六九年には当時のソ連とのあいだで国境紛争を起こし、一九七九年にはベトナムとのあいだで中越戦争が勃発《ぼっぱつ》しました。

そして現代になり、海洋に目を向けるようになると、南シナ海だけでなく、東シナ海、加えて尖閣諸島や沖縄の領有権まで主張しています。無茶な言いがかりの実現を目指して、実効支配するための行動に出ているのは前述の通りです。

それから異民族の虐殺《ぎゃくさつ》も続けてきました。

一六世紀の明朝の末期から、一九世紀の清朝の末期にかけて、漢民族は中国南西部の雲貴《うんき》高原で、少数民族の虐殺を続けてきました。辛亥《しんがい》革命後には満州人を虐殺し、一九三七年の通州事件では大量の日本人も虐殺しています。また文化大革命では、内モンゴル人民革命党員粛清などでモンゴル人を虐殺、二・二八大虐殺では台湾人も犠牲になっています。そして、チベット人やウイグル人の民族浄化は今日まで続いています。まさに中国大陸を支配した国は、虐殺の歴史を歩んできたといっても過言ではないでしょう。

儒教の国である中国では、中華の民（特に漢民族）を特別な存在と考え、それ以外の民を夷狄と見下してきました。さらに儒教から発展する形で生まれた朱子学や陽明学では、「天朝」、つまり中華の王朝に従わない異民族には天誅《てんちゅう》を加えるべきだと、異民族の弾圧を正当化している。だからこそ彼らは、チベット人、ウイグル人、モンゴル人の虐殺を平気で続けられるのでしょう。

二〇一三年八月、内モンゴル自治区のオルドス市で、中国人開拓業者に抗議をしたモンゴル人の牧畜民が殺される事件がありました。牧草地は、多くの牧畜民が暮らすモンゴル人の財産です。しかし中国は、「西部大開発」と銘打った政策のもとで、内モンゴル自治区での開拓を勝手に続けています。それに対するモンゴル人の抗議は、当然の行為だったはずです。にもかかわらず、牧畜民はその場で殺害されてしまったのです。

問題はそれだけではありません。殺した中国人は処罰されなかったといいます。中国政府は、被害者や遺族が住んでいた村の人々に口止め料を渡すかたちで、事件そのものがなかったことにしてしまったのです。まさに漢人が、いまだに異民族を夷狄と見下していることを象徴する事件です。

華夷思想による異民族に対する優越意識、さらには中国こそが世界の中心であると考える中華思想が、彼らの残虐性を高めているような気がしてなりません。

豊かにならない人民を反日で騙す

中国は共産党による一党独裁国家です。一九四九年の建国以降、海外資本や日本からの多額のODAと技術提供のお陰で急速な発展を遂げました。しかし、アメリカはもちろん日本とも違うことは、中国という国家がいくら発展しようとも、民衆の多くがその恩恵を満足に受けていないという点です。

当然、民衆の不満は溜まる一方で、中国国内では各地で暴動が起きています。それだけ共産党政府に対して不満を持っている人々が多くいるということです。習近平氏が党総書記に就任したのは二〇一二年一一月のことですが、政権発足からわずか一〇日のあいだに、国内で大きな暴動が三件も起きたとされます。

ウェブマガジン「ウェッジ・インフィニティ」（二〇一二年一二月一八日付）の石平氏の記事によれば、習氏の党総書記就任から二日後の一一月一七日、かつて習氏がトップを務めた福建省寧徳市《ふっけんしょうねいとくし》で、地元警察の汚職を疑う約一万人の市民が警察を襲いました。また二〇日には、浙江省温州《せっこうしょうおんしゅう》市郊外の農村で、変電所建設に反対する一〇〇〇人以上の住民が警官隊三〇〇人と衝突、約二〇〇人が負傷したといいます。さらに翌二一日、四川省広安市隣水県《こうあんしりんすいけん》では、地元公安当局に抗議する約一万人の住民による暴動が起きました。このときは公安当局の車数台が破壊され、二〇人の市民が負傷したのです。

これは中国で数多く起きている暴動のほんの一部に過ぎません。大手報道機関による中国政府への忖度《そんたく》と自己検閲が日常の日本ではほとんど報道されませんが、中国ではほぼ毎日のように暴動が起きているのです。

石平氏は記事のなかで、以下のように指摘しています。

〈暴動に至るまでの経緯やその原因を見てみれば、その背後にあるのはやはり、今の体制と社会状況全体に対する国民の強い不満と反発である〉

中国では共産党の幹部が富を独占しています。だからこそ、いくら発展を遂げても民衆の生活は豊かにならず、その不満が爆発しているのです。

もちろん、共産党幹部もこの状況を理解しています。だからこそ、彼らは民衆の不満の捌《は》け口として反日を利用するのです。

「中華」を任じる国家の暴力性

中国国内には反日の土壌があります。たとえば中国では、現在でもなお「反日（抗日）ドラマ」が制作されています。もっとも、こうしたドラマでは、超人のような中国人兵士がキュウリ、ニンジン、トマト、あるいは饅頭《まんじゅう》を手榴弾として用いたり、武術の達人が手刀で日本兵を真っ二つに切り裂くなど、荒唐無稽《こうとうむけい》なシーンのオンパレードです。

ニュースサイト「サーチナ」の二〇一七年四月四日付の記事によれば、反日ドラマは中国の国内でも「抗日神劇」と揶揄《やゆ》され、中国メディアの「今日頭条」は、〈「抗日神劇は敵であった旧日本軍ではなく、むしろ中国人を侮辱《ぶじょく》している」と主張、抗日ドラマのあり方に疑問を呈した〉といいます。また実際に中国の人民も、反日ドラマの破天荒《はてんこう》なシーンには呆《あき》れているという声もあります。

ただし中国の反日の風潮には、教育内容が大きな影響を与えているのです。

中国では、江沢民《こうたくみん》総書記の時代に徹底した反日教育が施されるようになりました。「かつて日本は中国を侵略した」「日本兵は南京《ナンキン》で数十万人もの市民を虐殺した」という歴史を教え込んでいる。そのため、中国の民衆の多くがアニメなど日本の文化を愛する一方で、怒りの感情も抱いていています。だからこそ共産党の幹部は、自分たちの生活が改善されないことに対する不満が政府に向かいそうになると、その矛先《ほこさき》が日本に向かうよう仕向けるのです。

象徴的なのは、中国国内でたびたび発生する反日デモです。たとえば二〇一〇年九月、沖縄県の尖閣諸島周辺で中国漁船が海上保安庁巡視船に衝突してきた事件が起きた直後、中国各地で日本の公館や在留邦人への嫌がらせが相次ぎました。広州《こうしゅう》市の日本総領事館にはビール瓶が投げつけられ、天津《てんしん》市の日本人学校には金属球が投げ込まれるなどの事件が続いたことがありました。

尖閣諸島は明治時代の一八九五年、当時の日本政府が、他の国が領有した形跡がないことを確認したうえで領土に編入しました。ゆえに、領海侵犯した中国漁船が海保巡視船に衝突してきたという行為は、日本国内での公務執行妨害に当たります。船長の逮捕は当然の措置《そち》なのです。

それにもかかわらず、中国政府はこれを不当としました。そして船長の釈放を求めただけでなく、一般大衆に対して反日行動を煽った。だから日本関連施設や日本人に対する嫌がらせが起きたというわけです。

その二年後にも同様のことが起きました。二〇一二年八月に香港《ホンコン》の活動家が尖閣諸島に上陸し、尖閣を巡るいざこざが再燃したのです。もちろん、その原因は中国にあるわけですが、翌九月一一日に日本政府が尖閣諸島の三島（魚釣島《うおつりしま》、北小島、南小島）を購入して国有化したことにより、中国各地で激しい反日デモが繰り返されました。

日系企業の工場や自動車会社の販売店などが徹底的に狙われ、破壊や放火が行われました。日系のスーパーやコンビニエンスストアも破壊され、同時に商品まで略奪されたのです。中国では二〇〇五年にも、当時の小泉純一郎《こいずみじゅんいちろう》首相の靖国神社参拝などを理由に反日デモが繰り返されたことがありました。しかし二〇一二年の反日デモは、それを上回る規模の暴動だったのです。

もちろん、その裏には中国政府がいます。彼らはメディアを通じて尖閣諸島を巡る中国の正当性をアピールし、徹底的に反日感情を煽ったのです。百歩譲って尖閣諸島に中国の領有権があったとしても、一般大衆を煽動《せんどう》して暴力に訴えるといった手法は、とても「中華」を自称する国家の政府が採るべきものとは思えません。

不満解消と権力闘争のためのデモ

デモを煽動して暴力に訴えた理由は、いずれ尖閣諸島を中国の領土にするという長期的な戦略からだけではありません。前述の通り、中国人が持つ共産党政府に対する不満を逸らす狙いもあるのです。

尖閣沖漁船衝突事件の直後、中国国内で相次いだデモについて、評論家の宮崎正弘《みやざきまさひろ》氏は、雑誌「SAPIO（サピオ）」（小学館　二〇一〇年一一月二四日号）で、以下のように解説しています。

〈場所は、四川省成都《せいと》、河南《かなん》省鄭州《ていしゅう》、浙江省杭州《こうしゅう》、そして陝西《せんせい》省西安《せいあん》。いずれも日本領事館がなく、駐在日本人がすくない都市ばかりだ。しかもネット上に載ったデモの呼びかけは、集合場所や行進順路まで掲げられているというのに、当局による削除は行なわれなかった。つまり、このデモは当局による「官製デモ」だ〉

要は、政府が大衆を動員するかたちで行われたデモだということです。また宮崎氏は、官製反日デモが行われた理由を二つ挙げています。

一つめは、劉暁波《りゅうぎょうは》氏の釈放を求める声を抑え込むため。

二〇一七年七月に亡くなった著作家の劉暁波氏は、中国の民主化を訴えて投獄されていましたが、二〇一〇年二月の段階で、氏をノーベル平和賞に推す動きのあることが明らかになりました。この件に関して中国外務省の馬朝旭《まちょうきょく》報道局長（当時）は、「もし、あのような人物に授与するなら、明らかに完全な誤りだ」と述べています。結果的に劉暁波氏は、一〇月、中国人として初のノーベル平和賞を受賞することになるわけですが、これと前後して中国では、劉暁波氏の釈放を求める声が挙がっていたのです。

宮崎氏は、以下のように解説しています。

〈民主化、自由、人権、法治を求める中国の若者の不満の発散場所を人工的につくる必要があった〉

そのために反日感情を利用したというわけです。

そしてもう一つの理由は、共産党内の権力闘争。宮崎氏は以下の通り分析しています。

〈この四つの地域は、いずれも上海閥（江沢民氏を頂点とする上海出身の一派）の影響力の強い地域だ。彼らが裏から手を回し、胡錦濤と温家宝《おんかほう》の執行部を反日デモによって突き上げたのだ。足下がぐらついた執行部は、習近平というカードへの対抗が不可能になった。

習近平は中央に登用される前の一年間上海市委書記を務めたが、もともと無派閥に近い存在だった。ところが、江沢民の「懐刀《ふところがたな》」と言われた元国家副主席の曾慶紅《そうけいこう》が習近平を推したと言われている。そして、上海閥が彼を党中央軍事委員会副主席に就任させるため、反日デモを利用した〉

日本人とアメリカ人には「正義のヒーロー」を好むという共通点がありますが、戦乱続きの世の中で、裏切りや虐殺を繰り返してきた中国人から見れば、正義など子どもの戯言《ざれごと》なのでしょう。中国共産党は、中国の大衆の不満を抑え込み、自分たちの権力を守るためだけに尖閣諸島領有の正当性を訴え、反日感情を利用したというわけです。日本人からすると、たまったものではありません。

ただ、この一件において、あえてメリットを挙げるとすると、日本人が中国人の隠された危険性を知り、それと同時に日本企業が中国に進出することの危険性を知ったことです。

二〇一七年五月三一日に外務省が発表した「海外在留邦人数調査統計」によれば、中国に進出している日系企業の拠点数は前年比三・二％減です。その理由は、中国人労働者の賃金の高騰《こうとう》などもあるのでしょうが、やはり中国進出に尻込みする日本人経営者が増えているからでしょう。日中で何か問題が生じるたびに自社の店や工場が破壊されてしまうのでは、怖くて進出などできないからです。

ただし、統計によると、日系企業の拠点は二〇一六年一〇月一日時点で前年比一〇七七ヵ所減となってはいるものの、依然として三万二三一三ヵ所にも上り、二位のアメリカの八四二二ヵ所を大きく引き離しています。

中国から外国企業が撤退しようとすると、財産を没収されたり、あるいは訳の分からない理由で訴えられてしまうケースが多々あります。だから、撤退する際にはすべてを放棄して、夜逃げをするしかないのだそうです。しかし、このまま日本企業が中国に残るのは危険です。日本は徐々に中国から撤退していくべきなのです。

河野外相への王毅外相の無礼の裏

反日感情を利用する中国の体質は、いまもまったく変わりません。

二〇一七年八月、王毅《おうき》外相は、訪問中のフィリピンで河野太郎《こうのたろう》外相と会談を行いました。この席で王氏は、河野氏が東アジアサミット（EAS）外相会議で、南シナ海問題に関して中国を批判したことについて、「あなたの発言を聞いて率直にいって失望した」と言い放ちました。河野氏が「南シナ海における急進かつ大規模な拠点構築は継続しており、深く懸念している」と述べたからです。また河野氏は、米軍が南シナ海で行った航行の自由作戦を支持していました。だから王氏が批判してきたのです。

席上で王氏は、河野氏の父、河野洋平《こうのようへい》・元衆議院議長の名前を持ち出して、「あなたが外相になると知って以降、私たちの多くの人が期待を抱いた」といいました。

河野洋平氏は大変な親中・親韓派の政治家として知られ、一九九三年には「慰安所の設置、管理及び慰安婦の移送については、旧日本軍が直接あるいは間接にこれに関与した」と、日本政府の正式見解とは異なる談話、いわゆる河野談話を勝手に発表した人物です。

つまり王氏は、その息子である河野太郎外相に、もっと中国寄りの発言をするよう訴えたのです。本当におかしな話です。

王氏の発言を受けて河野外相は、「中国には大国としての振る舞い方を身に付けていただく必要がある」と反論しました。私個人としては、もっと強気な反論をしてもよかったと思います。しかし、一方的に、いわれっぱなしで終わらなかったことは、評価してもよいと思います。

それにしても、カメラが回っている前で、一国の大臣に対して「失望した」などという王氏の神経は理解できません。

なぜ、王氏は河野氏を批判したのでしょうか。もちろん、南シナ海の領有権を主張し、どんどん開発を続ける自分たちの行動を正当化したいという考えもあったはずです。「日本は南シナ海情勢が安定に向かっている事実を尊重し、他の国家の背後で騒ぎを起こしたり挑発したりしないよう求める」という王氏のコメントからも、それが窺《うかが》い知れます。また前日の六日、アメリカのレックス・ティラーソン国務長官と会談したときには、「アメリカは中国と東南アジア諸国による平和と安定に向けた努力を尊重するよう希望する」と述べていました。

やはり中国は必死になって、自らの正当性を訴えているのです。しかし、世界中の国々がそれに同調するはずなどありません。なぜなら、中国が行っていることは明らかに、国際法違反の侵略行為だからです。当然、中国政府もその点は分かっているでしょう。

では、なぜ王氏はこのようなことを語ったのか。やはり中国の民衆に向けて語っていたような気がしてなりません。「中国こそが世界の中心だ」という中華思想を呼び起こすため、民衆に語りかけていた……ただ、そうすることだけが、中国指導部が一般大衆の求心力を高められる唯一の手段なのでしょう。

歴代韓国大統領の無能を隠すため

一般大衆の反日感情を利用しているのは、韓国政府も同様です。

以前の日本では、韓国で新しい大統領が就任するたびに「今度の大統領は親日的」などと報じられ、日韓関係の改善を期待する声が挙がっていたものです。しかし、その期待は必ず裏切られてきました。歴代大統領は就任直後こそ日韓関係の「未来志向」を掲げますが、退任が近づくと急激に反日的になったのです。前述の李明博元大統領は、まさにその典型です。

李氏は日韓併合時代の一九四一年に大阪で生まれたこともあり、日本語が達者で、日本に親近感を持っている人物だといわれていました。大統領選に出馬する直前の二〇〇七年九月、自身の講演会で、「歴史を清算する点で、日本は経済大国らしい措置を取っていない」といった主旨の発言をしましたが、同時に日韓関係の強化を目指す考えを強調していたのです。

そして翌二〇〇八年一月、大統領選で勝利を収めた李氏は、記者会見で対日外交について以下のように語りました。

〈謝罪と反省は求めない〉〈日韓関係は今後、未来志向的に進めなければならない。日韓関係をよい関係にすることは朝鮮半島だけでなく東北アジアの平和にもプラスすると考える〉（二〇〇八年一月一八日付「産経新聞」）

その後、李氏は二〇一三年まで、五年間にわたって大統領を務めました。当初は「経済大統領」として期待されていたのですが、就任一年目にリーマンショックによる株価下落や急激なウォン安に見舞われた際に、強いリーダーシップを発揮できず、次第に求心力を失っていきました。そして結局、たいした功績を残すことなく任期満了が近づいてきました。

指導者とは、任期が終わりに近づくと自らの評価を高めるための行動をとるものです。いわゆる「レガシー（遺産）」を一つくらいは遺したいのです。それはアメリカでも同様で、たとえばビル・クリントン大統領（当時）もそうでした。

彼は八年間で外交的な成果を何も挙げられなかったため、北朝鮮を利用しました。北朝鮮との関係を改善させれば、自分の政権の功績になると考えたのです。

そこで二〇〇〇年一〇月、まずはマデレーン・オルブライト国務長官（当時）が、現職の国務長官として初めて平壌《ピョンヤン》を訪問しました。そしてクリントン大統領自身が、引退後に訪朝する見込みになっていたのですが、同年一一月の大統領選でクリントン大統領の後継と目されていた民主党のアル・ゴア候補が共和党候補のジョージ・W・ブッシュ候補に僅差《きんさ》で破れたので、結局、北朝鮮訪問は頓挫《とんざ》することになりました。

李明博大統領もクリントン大統領と同様、これといった功績がなかった……。そこで国民の反日感情を利用して、自らの評価を高めようとしました。だから前述の通り、李氏は任期終了目前の二〇一二年八月、現職の大統領として初めて竹島に上陸し、さらに天皇陛下に対して不敬発言まで行ったのです。これは自らの無能ぶりを隠すための行動だったといっても構わないでしょう。私には「恥の上塗り」になったとしか思えませんが。

このような行動は李氏に限ったことではなく、韓国の歴代大統領がこぞって採ってきた手段です。反日を掲げて建国された国なので、反日を高らかに語ることこそ、国民からの評価を高める最も有効な手段だからです。

ただし、次の朴槿恵《パククネ》大統領は少し違いました。彼女が大統領に就任した二〇一三年は、李明博前大統領のせいで日韓関係が冷え切った状態だったこともあり、日韓関係については前向きな意見など最初からいいませんでした。大統領就任式では、「加害者と被害者の立場は一〇〇〇年経っても変わらない」と、いきなり反日的なコメントを出したのです。

当時の日本には、朴氏は「親日家」として評価されている朴正熙《パクチョンヒ》元大統領の娘だったため、ひょっとしたら親日的なのではないかという見方もありました。しかし蓋を開けてみたら、「超」が付くほどの反日大統領だったのです。朴槿恵氏は最初に振り上げた拳を一度も下ろせないまま、弾劾《だんがい》されて失職しました。

そして、現在の韓国大統領、文在寅氏です。二〇一七年五月に大統領に就任した文在寅氏は、かつては北朝鮮に融和的だった盧武鉉《ノムヒョン》元大統領の側近を務め、以前から日本に対して批判的な言動を繰り返していました。ですから、彼に「親日」を期待する日本人は皆無でした。そしてその読み通り、大統領就任後は、日本のみならずアメリカまでも軽視するような行動をとっています。

ミサイル実験を続ける北朝鮮への楽観的で場当たり的な対応を見る限り、彼が五年の任期で目覚ましい功績を残すとは思えません。では、任期満了が近づいてきたとき、彼は自らの評価を高めるため、どのような行動をとるでしょうか。答えは簡単です。歴代大統領が採った手段を模倣するしかない……。つまり、国民の反日感情を煽って自らの評価を高めるのです。もっとも、文政権がそれまで持てば、という話ですが。

華夷秩序で自分たちの下に位置すると決めた日本は、彼らにとっては「都合よく利用すればよい」と考える存在。嘘を根拠にして日本を糾弾しても、その責任を問われることなどありません。それが、小中華思想に囚われた、韓国という国なのです。

三〇年ぶり帰国——李承晩の驚き

なぜ韓国は、これほどまでに反日的なのでしょうか。少し歴史を振り返ってみましょう。

初代大統領の李承晩《イスンマン》は、朝鮮総督の寺内正毅《てらうちまさたけ》暗殺未遂事件の容疑をかけられたという理由から、一九一一年にアメリカ・ハワイに亡命、第二次世界大戦が終結するまで約三〇年間にわたって、朝鮮半島にはいませんでした。そのため、日本統治下の朝鮮半島がどのような状態であったのか、実際に自分の目では見ていないのです。

朝鮮の独立を望んでいた彼は、朝鮮にいた仲間から日本統治下の朝鮮の状況を聞いていたといいます。仲間たちも李と同様、日韓併合により、平民から搾取する両班《ヤンバン》としての特権を奪われた連中です。そのため、「朝鮮はとてもひどいことになっている」「朝鮮では日本に対する反乱が起きる」という報告をしていたそうです。当然、これは「自分たちは朝鮮独立のために頑張っている」ということを主張するための嘘でした。しかし、李はアメリカにいたわけですから、この報告を嘘だと気づかず、信じてしまったようです。

そして、終戦後に三〇年ぶりに朝鮮に帰国して、びっくり仰天《ぎょうてん》しました。朝鮮が目覚ましく発展していたからです。

朝鮮半島は、李が亡命しているあいだに、一気に発展していました。日本が多額の予算を投入して、インフラ整備を行ったからです。また、日本は朝鮮人の教育にも力を入れました。「一面一校」（一つの村に一つの小学校）を目標に掲げ、一九四三年までに四二七一校もの小学校を作りました。また、専門学校を二四校、中学校を七五校、高等女学校を一五校、実業高校を一三三校、実業補習学校を一四五校、大学予科を一校、合わせて約五〇〇〇校もの公立学校を作ったのです。そのため、朝鮮人の識字率と学力は一気に向上しました。

ただし、これが李承晩を困惑させました。李は「朝鮮が日本化している」と感じたのです。

朝鮮の人々は日本が建てた学校に通い、朝鮮語だけでなく日本語も話していました。それが李をして「日本化している」と感じさせた最大の理由です。亡命前から朝鮮独立を望み、反日的な考えに冒《おか》されていた彼は、これはまずいと考えました。

その李承晩は、一九四八年八月一三日、大韓民国建国と同時に初代大統領に就任しました。この際には、在朝鮮アメリカ陸軍司令部軍政庁の支援もありました。

当時、朝鮮半島の北部はソ連の軍政下に置かれていたため、ソ連の南下を防ぐためにも、アメリカは韓国を支える必要がありました。だからこそ、アメリカは李を支持したのです。長年アメリカに住み、クリスチャンだった李なら扱いやすいと考えたのかもしれません。

竹島の日本人漁民を殺害して占領

李承晩は大統領に就任するとすぐに、反共産主義と同時に、反日を要《かなめ》とする政権運営を始めました。竹島の実効支配を始めたのも彼です。竹島を占拠するに当たっては、三二八隻の日本漁船を拿捕《だほ》し、四四人の日本人を死傷させ、三九二九人の日本人漁民を捕らえて抑留《よくりゅう》しました。

そして、この反日的なスタンスこそが、韓国政府の政権運営の基本となりました。このスタンスは、その後の大統領にも、しっかりと受け継がれています。

「親日家」と思われた朴正熙元大統領でさえ、やはり反日的な姿勢をとり、大統領在任中には反日教育を続けました。彼は日本統治時代のメリットを認め、朝鮮半島が日本に統治されたのは朝鮮人に原因があると考えていた人物です。それでも大統領として韓国を統治するためには、反日に頼らざるを得なかったのです。

もし、日韓併合のメリットを讃《たた》えたり、親日的な姿勢をとろうものなら、国民の怒りを一気に買うことになります。そうなると大統領退任に追い込まれる可能性もある。しかし、彼には共産主義という明確な敵がありました。その敵を打ち負かすため、本来は敵ではないはずの日本を叩いたのです。そうすることで国民の心を一つにしようとしたのでしょう。完全に矛盾《むじゅん》しているようですが、この矛盾こそが、韓国が建国以来、ずっと抱えている問題なのです。

そして現在の韓国では、「日韓併合で韓国はひどい目に遭った」「韓国の発展が遅れたのは日本のせいだ」という考えが、完全に定着してしまいました。これは現代の韓国人の共通認識のようです。日本人に植え付けられた加害者意識と表裏一体ともいえます。

二〇一三年にはそれを裏付ける事件が韓国で起きました。ある九五歳の老人が「日本が韓国を併合した時代はよかった」と日本統治時代を肯定したところ、その場に居合わせた三〇代の男性が怒り出し、この老人を殺害してしまったのです。この事件の報道を見て、韓国は本当に先進国と呼べるのだろうかと疑問に思いました。

意見は人によって違うものです。アメリカには私と同じ意見を持つ人もいれば、そうでない人もいます。そればかりは仕方がない。しかし現在の韓国では、日本や日本統治時代のことについては同じ意見を持つことを強要される……。つまり日本は絶対的な悪であり、日本統治時代は負の歴史だというものです。だから、統治時代を肯定した老人は殺されてしまったのです。

加えて驚いたのは、この事件に対する韓国人の反応でした。インターネット上では、以下のような反応があったというのです。

「そもそも日帝を称賛した時点で犯罪者」「殺されて当然」「(殺人犯は) むしろ勲章モノ」「正義の審判」……人権を無視して自国民を弾圧する北朝鮮ばかりが非難されていますが、その南にある韓国もまた、基本的人権を重視しない発展途上国だといわざるを得ません。

反日政策を批判すると入国拒否

自分の歴史観を正直に語ってひどい思いをしている韓国人は他にもいます。

評論家の金完燮《キムワンソプ》氏は、二〇〇二年、韓国で『親日派のための弁明』という書籍を出版しました。同年には日本でも翻訳版が草思社から出版されています。

同書で金氏は、ニュートラルな立ち位置から、日韓併合を以下のように評価しています。

〈朝鮮半島は帝国主義時代の植民地としてまったく魅力がなかった〉

〈当時の日本にとって朝鮮は、大陸に進出する橋頭堡《きょうとうほ》であることのほかには特別な利点のある土地ではなかったのだ。だからこそ日本は朝鮮経済をすみやかに発展させ、日本経済と統合して市場規模を拡大し、長期的に日本とつなげて「規模の経済」を実現するという、一種の「長期投資」にのぞまざるをえなかった〉

〈（韓国の経済史学者、筆者注）安秉直《アンビョンジク》の研究によれば、朝鮮の植民地経済は一九一一年から三八年まで年平均三・七％の成長をみせたが、当時これほど長く高成長がつづいた例は稀《まれ》だった。一九一八年から四四年までの産業構造の変化をみれば、農林水産業の生産比が八〇％から四三％に減少し、反対に工業生産の比率は一八％から四一％にふえた。たくさんの工場が建ち、労働者の数も一九四三年にはおよそ一七五万人にふえた。一九四〇年代初頭、植民地朝鮮の経済発展は先進諸国が経済成長に入った近代初めの水準に達した〉

〈教育面では、六年以上の教育を受けた人は大韓帝国の末には二・五％にすぎなかったのが、だんだんとふえてゆき、一九三〇年代に生まれた人びとは七八％が小学校以上の教育を、一七％が一二年以上の教育を受けた〉

このような歴史的事実を語ることは、本来なら何の問題もないはずです。自由主義と民主主義を採用する西側諸国の国民であれば、言論の自由が保障され、自ら史実を調査したり、自由な歴史観を語る権利が認められているはずだからです。ところが韓国では、日本に関する話になると、途端に言論の自由がなくなります。そのため金氏の著書は、すぐに青少年有害図書に指定されてしまいました。

さらに金氏は、独立運動家など歴史上の人物に対する名誉毀損《きそん》を理由に起訴され、法廷では傍聴人から暴行を受けるという、日本ではとても考えられないようなことまで経験しています。そして出国禁止処分になっているため、他国に亡命することさえできない状況です。彼は歴史の真実を知り、それを正直に語ったために、韓国では社会的に抹殺された、ということです。

このような被害を受けた人は他にもいます。日本に帰化した呉善花氏もその一人です。呉氏は盧武鉉政権下の二〇〇七年、ご自身のお母上の葬儀に参加するために済州島《さいしゅうとう》に向かった際、空港で入国禁止措置を受けています。著書『侮日論』では、以下のように語っています。

〈韓国の入管は入国拒否の理由を一切告げず、「夕方の飛行機で帰れ」と、こちらの事情には一切応じてくれませんでした。日本の外務省を通し、領事館を介して話し合いをした末に、何とか入国はできたのですが、葬儀への参加以外一切の行動をしないこと、反韓活動をしないことという主旨の一筆を書かされ、さらに葬儀場にまで当局から電話が入るなど、厳しい監視を受けました〉

その後、二〇〇八年から二〇一三年までの李明博政権のときは何度も日本と韓国を行き来し、また朴槿恵政権が誕生してからも、二〇一三年四月末から五月にかけて韓国に入国できたといいます。しかし、同年七月に親戚の結婚式に参加するために向かった仁川空港で、再び入国を拒否されたのです。そして呉氏は、入国拒否の理由を告げられることもなく、そのまま日本へ送還されました。

入国を拒否された理由として、呉氏は以下のように分析しています。

〈韓国出入国管理法第一一条第三項の「大韓民国の利益又は公共の安全を害する行動をするおそれがあると認めるだけの相当な理由がある者」として私が送還されたことは明らかです。

私は一九九〇年末から、書物や雑誌で韓国の反日政策を強く批判し、日本の朝鮮統治をプラス評価する言論や日本社会を評価する言論をたびたび展開してきました。私に対する二度にわたる拒否は、韓国政権による言論弾圧というほかありません〉

——これが真っ当な民主主義国家といえるはずもありません。

私が常々いっていることがあります。アメリカ合衆国憲法修正条項第一条では、言論の自由が保障されており、アメリカ人は言論の自由がない国を民主主義国とは認めないということです。だからこそ、現在の韓国を民主主義国と認めることはできません。

日本への好意的な意見に対し、史料など根拠を示して反論してくるならまだしも、そのような意見をいう人物を社会的に抹殺する……そのような国は、どれほど科学技術が発達したとしても民主主義国ではないし、永久に先進国とはいえないのです。

日本人に関心を持ってほしい韓国

日本政府観光局（ＪＮＴＯ）の発表によれば、二〇一七年一月から九月までの間に約五二一万七七〇〇人もの韓国人観光客が日本を訪れたそうです。前年比で約四〇・三％もの伸び率になります。一方、韓国を訪れる日本人の数は、二〇一二年の三四一万八七九二人をピークに減少を続けており、二〇一六年は二二九万七八九三人で、前年より二三・四％増加したものの、それでもピーク時に比べると三分の二程度にとどまっています。

北朝鮮がミサイル実験を繰り返していることも、訪韓する日本人が減少している原因なのかもしれません。そしてもちろん、官民挙げて反日を掲げる韓国側にも原因があります。ただ、「韓国という国には何度も訪れたくなるほどの魅力が乏しい」というのも原因の一つだと思います。

ドラマ「冬のソナタ」から始まった韓流ブームで、日本人、特に中高年の女性が韓国という国に魅了されました。しかし、最近は大半の日本人が、韓国という国そのものに興味がなくなったのです。その証拠に、訪韓する日本人は減少する一方で、海外に行く日本人の数は減少していない……そう、日本人は韓国よりも魅力的な国に出かけているだけなのです。

韓国人のなかには、そのような日本人の心情を察している人もいるようで、二〇一五年八月の「レコードチャイナ」には、以下のような記事が掲載されました。

——ある韓国人が日本を訪れた際、日本人の韓国への関心のなさに気が付きました。そしてこの韓国人は帰国後、韓国のインターネット掲示板に「日本人は韓国にあまり関心がない」というスレッドを立ち上げ、「日本人の多くは韓国に対して敵対心がなく、インターネット掲示板で嫌韓を騒いでいるのはごく少数の人たちであり、日常生活で出会うことは難しい」と書き込みました。これについて、記事では以下のように解説していました。

〈韓国に関心があるのは「嫌韓」あるいは「韓流」の人のみで、それ以外の人たちは各々《おのおの》の生活に忙しく、韓国に関心を抱く理由がないというのだ〉

これはある意味では事実です。ただ、韓国の反日があまりに度が過ぎるので、彼らのいう「韓流」の人は減る一方で、「嫌韓」の人は増加しています。

また記事によれば、スレッドには韓国人ネットユーザーから、以下のようなコメントが寄せられたそうです。

「日本人が公然と嫌韓をアピールすると思う？」

「外見は無関心を装う日本人にだまされてるんだよ」

「嫌韓は日本の人口一億二八〇〇万のうちの一部分で、その他の大部分は韓国に敵対心はないと思う。『韓国から来ました』って言うと『あ、韓国から来たの?そっか』程度の反応」

「同感。韓国は国民全体で感情を表わすが、一般的な日本人は無関心だってことを知ってがっかり。でも、メディアは韓国関連のニュースを多く扱ってるよね」

「嫌韓書籍がベストセラー、インターネットの嫌韓記事アクセス数が上位を占めるっていうのに、嫌韓は少数だって?」

「だったらインターネットに韓国のニュースが多いのは、少数の嫌韓たちがクリック数を操作してるってこと?」

……私の周りでも、反日を掲げる韓国、日米を裏切り中国側に傾いている韓国、北朝鮮に融和的になっている韓国に対し、苦言を呈している人は数多くいます。しかし、韓国という国に魅了されている人は皆無です。日本人にとっては、その程度の国なのでしょう。

ただ、インターネットに寄せられた韓国人の声を見ると、それでは困るようです。「むしろ、これ以上関心を抱かないでほしいんですけど」というような声は一部であり、やはり「韓国に関心を持ってもらいたい」と考えている人が多いようです。ひょっとしたら「日本は韓国に迷惑をかけたのだから、もっと関心を持つべきだ」と考えているのかもしれません。

いずれにせよ、韓国人は日本人に構ってもらいたくて仕方がないように感じます。ソウルの日本大使館前でたびたび行われる反日デモでは、論理的に日本を批判しているわけでなく、キジを叩き殺したり、豚を八つ裂きにするなど、訳の分からないことばかりやって、日本に「こっちを見て！」と叫んでいるようにさえ感じてしまいます。

日本は韓国より下位であるはずなのに、世界的には日本ばかりが認められ、また日本人自身も韓国を相手にしていない——小中華思想に支配された現代の韓国人は、そのような状況にイライラしているのかもしれません。「弟のくせに生意気だ」というわけです。

韓国女子大生の七割が答えた真実

ここまで述べてきたように、日本に対しては乱暴で無礼なことをしてもよいと、かなり本気で考えている人が多いのが、中国と韓国です。成金一家の放蕩《ほうとう》息子が、使用人に対して何をしても許されると考えるようなものです。

たとえば、大韓航空創業者一族の女性副社長（当時）が、自社の客室乗務員にクレームを付け、旅客機を搭乗ゲートに引き返させた、二〇一四年のいわゆる「ナッツ・リターン事件」がよい例でしょう。これは、本人の資質よりも親の教育に最大の問題があるわけですが、中国と韓国では、国の反日教育が、国民の精神を歪《ゆが》める諸悪の根源なのです。

だからこそ、中国では日系企業の店や工場が襲撃されますし、韓国では日本統治時代のメリットを認めるだけで徹底的に批判されます。まさに「愛国無罪」「反日無罪」がまかり通っているのです。とはいえ、実は彼らに愛国心などありません。中国政府は、日本を国際社会で孤立させ、信頼を失わせ、貶《おとし》めることで、そこに生じた空白に入り込みたいのです。韓国は訳も分からず中国の長期戦略に利用されているのですが、その恩恵も受けてきました。

日本のバブル経済崩壊後の三〇年弱で、中国と韓国は国際的なマーケットにおいて、どれほど製造業や金融業のシェアを伸ばし、莫大な利益を得てきたでしょうか。日本を叩けば両国の利益に直結するという成功体験を、日本は与えてきたのです。そして一般大衆はその方針に従い、ストレスの捌《は》け口として絶対的に安全な日本を糾弾《きゅうだん》しているに過ぎないのです。

そんな中国人は近年、日本の土地を買い漁《あさ》っています。北海道などでは、水源地が中国人の手に渡っているため、危機を感じている日本人も多くいます。

中国は環境汚染が深刻で、飲み水すらままならない状況です。だから日本の資源を狙っているのでしょう。日本中に中華街を作り、やがては日本を占領するつもりかもしれません。

それと同時に、中国共産党の幹部には「自分たちの亡命先を確保しておきたい」という考えもあるでしょう。特権階級であり、多額の資産を持っている彼らは、環境が汚染され、権力闘争でいつ失脚させられるか分からない中国になどいたくない。だから「引退後は海外に移住したい」と考え、アメリカやカナダ、そして日本の土地や家を買い漁っているのです。

中国共産党の幹部連中は、国家を運営する立場でありながら、自分や自分の家族のことしか考えていません。国の未来なんてどうでもよいのです。近く崩壊すると考えているからこそ、あらかじめ逃げ道を作っている。そんな彼らに愛国心などあるわけがありません。

韓国も同様です。彼らは日本を責めるときに、頻繁に愛国心というフレーズを用います。しかし、彼らに愛国心があるようには思えません。なぜなら、アメリカに移住する韓国人があまりにも多いからです。韓国では、アメリカの大学を卒業し、アメリカの企業に就職することこそが、勝ち組の条件であるとされています。アメリカの国籍を取得して、家族や親戚をアメリカに呼び寄せる韓国人も多くいますが、それが一つのステータスなのです。

日本人なら、父親の仕事の関係でアメリカに渡った場合、その赴任が終わったら一家で帰国するのが普通です。しかし韓国人の場合、父親だけ韓国に戻り、家族はアメリカに残るのです。やはり、一度アメリカに住んだら、息苦しい韓国には帰りたくなくなるのでしょう。

その結果、在米韓国人や韓国系アメリカ人はどんどん増えて、現在は約四〇〇万人がアメリカで生活しているとされます。しかも、祖国を出たいと考える韓国人の傾向は、近年芽生《めば》えたものではありません。

私が初めて韓国に行ったのは一九八〇年代前半のことです。当時、弁護士仲間の友人が韓国で暮らしていたのですが、彼の話を聞いてびっくりしたことがありました。友人曰く、「韓国人はアメリカに家族旅行ができない」というのです。その理由がすごいのですが、「家族全員でアメリカに行くと二度と帰ってこなくなるから」というのです。

……そう、つまり当時から、韓国という祖国から出ていきたいと考える国民が数多くいたということです。

以前、韓国に詳しい評論家、但馬《たじま》オサム氏と対談したときに聞いた話ですが、二〇〇五年、韓国の梨花《イファ》女子大で、「生まれる前に自分の意志で祖国を選択することができたら、我が国を選択しますか？」という質問で、アンケート調査が行われたそうです。すると、「韓国以外の国がいい」と回答した女子大生が、約七割もいたといいます。

もちろん、そう答えた理由に経済的な背景があったのかもしれませんが、やはり儒教から来る過度な上下関係の強要や女性蔑視、反日でしかアイデンティティを保てない自国に絶望している韓国人が多いような気がするのです。

ちなみに、「生まれ変わったらまた日本に生まれたい」と考える日本人は、若い世代でも約八割に及ぶそうです。どのような理由であれ、国を出たいと考え、次は他国で生まれたいと考える韓国人には、他国の土地を買い漁る中国の共産党幹部や成金同様、愛国心があるようには思えません。

第二章　華夷秩序で正当化される侵略

静かに侵略する韜光養晦とは何か

拡張主義を掲げ、他国を侵略する中国を語るうえで外せないのは、「韜光養晦《とうこうようかい》」という戦術です。韜光養晦とは「ひたすら姿勢を低くして自分たちが強くなるのを待つ」というような意味の言葉で、一九七〇〜八〇年代に、当時の指導者、鄧小平《とうしょうへい》が打ち出したとされます。

昨今、中国は国内外で尖閣諸島の領有権を訴えています。二〇一七年一二月に沖縄県石垣市が尖閣諸島の字《あざ》名変更の方針を決めたところ、中国はすぐに反応しました。同月五日の「産経新聞」は、以下の通り報じています。

〈中国外務省の耿爽《こうそう》報道官は四日の記者会見で、沖縄県石垣市が尖閣諸島の字名を「登野城《とのしろ》尖閣」に変更する方針を決めたことについて「日本側がどのようないんちきをやろうと、釣魚島《ちょうぎょとう》（尖閣諸島の中国側名称）が中国に属している事実を変えることはできない」と反発した。耿氏は「釣魚島とその付属島嶼《とうしょ》は古来、中国の固有の領土であり、中国側が領土主権を守る決意は揺るぎない」と主張〉

中国は尖閣諸島の領有権を訴えているだけでなく、実際に行動に出ています。尖閣諸島沖に、どんどん船を送り込んできているのです。二〇一二年九月に日本が尖閣国有化をしてから二〇一七年九月までの五年間で、延べ六四三隻もの中国公船が、領海に侵入しています。

中国の船が日本の領海内や接続水域内に来ることは、二〇一〇年以前は、ほとんどありませんでした。しかし、同年九月の漁船衝突事件を経て、ちょうど一年後の二〇一一年九月から、激増しています。そして、いまでは当たり前のように中国の船が尖閣沖を航行しているような状況……逆に、日本の漁船は尖閣周辺を航行することができません。

『いい加減に目を覚まさんかい、日本人！』で対談した百田尚樹氏は、このような状況を、以下のように危惧していました。

〈中国は飽きもせず、懲りもせず、連日尖閣周辺に漁船や公船を派遣しています。これがずっと続くと、いつか国際社会は「尖閣周辺は中国が実効支配しているやないか」と判断するかもしれません。仮にいまの状況が五年続いたとします。そのとき中国が「この五年間、日本の漁船は一隻もやってきていないが、中国の漁船はのべ数万隻が行き来していた」と主張したら、国際社会はどう判断するでしょうか。日本が抗議したところで、誰も耳を傾けてくれなくなるかもしれません〉

中国の侵略のやり方を見ていて感じるのは、彼らは軍艦で乗り付けてきて一気に略奪するような手段は用いないということです。韜光養晦の戦術で、最初は腰を低く接し、時間をかけて少しずつ行動を起こし、気が付いたら略奪が完成していた、というような手段を用いるのです。それは南シナ海や尖閣諸島を巡る中国のやり方を見れば、よく理解できます。

尖閣の領有権を主張し始めた理由

中国が初めて尖閣諸島の領有権を主張したのは一九七一年です。なぜ急に領有権の主張を始めたのか。その二年前の一九六九年五月、国連アジア極東経済委員会（ＥＣＡＦＥ）の沿岸鉱物資源調査報告で、「東シナ海に石油埋蔵の可能性あり」と指摘されたからです。

しかし一九七二年、日中は国交正常化を果たしています。当時の中国は尖閣諸島の奪取よりも、日本との国交樹立を優先したのです。というのも、当時の中国は、いまほど経済力や軍事力が強くありませんでした。首都・北京《ペキン》の大通りですら大量の自転車しか走っていない、巨大な発展途上国に過ぎませんでした。まだ尖閣を獲るタイミングではないと考えたのかもしれません。まさに韜光養晦です。

だからこそ、指導者となった鄧小平は、伏線を張るために尖閣諸島を巡る問題の棚上げに言及したのです。一九七八年一〇月二五日の福田赳夫《ふくだたけお》首相（当時）との日中首脳会談で、鄧小平は以下のように語っています。

「両国間には色々な問題がある。例えば中国では釣魚台、日本では尖閣諸島と呼んでいる問題がある。こういうことは、今回のような会談の席上に持ち出さなくてもよい問題である。園田《そのだ》（直《すなお》、筆者注）外務大臣にも北京で述べたが、われわれの世代では知恵が足りなくて解決できないかもしれないが、次の世代は、われわれよりももっと知恵があり、この問題を解決できるだろう。この問題は大局から見ることが必要だ」（外務省ホームページ）

この発言に対して、福田首相の応答はなかったそうです。

それから同日、記者会見では以下のように述べています。

「尖閣列島をわれわれは釣魚島と呼ぶ。呼び方からして違う。確かにこの問題については双方に食い違いがある。国交正常化のさい、双方はこれに触れないと約束した。今回、平和友好条約交渉のさいも同じくこの問題にふれないことで一致した。中国人の知恵からして、こういう方法しか考えられない。というのは、この問題に触れると、はっきりいえなくなる。確かに、一部の人はこういう問題を借りて中日関係に水をさしたがっている。だから両国交渉のさいは、この問題を避ける方がいいと思う。こういう問題は一時タナ上げしても構わないと思う。一〇年タナ上げしても構わない。われわれの世代の人間は知恵が足りない。われわれのこの話し合いはまとまらないが、次の世代はわれわれよりもっと知恵があろう。その時はみんなが受け入れられるいい解決方法を見いだせるだろう」（外務省ホームページ）

鄧小平は、この時点では「尖閣諸島には領土問題が存在する」ということを国内外に認めさせることに留め、頃合いが来たら尖閣諸島を奪おうと考えていたのでしょう。そしていま、中国は尖閣諸島の領有権を堂々と主張し、さらに尖閣諸島近海に船だけでなく潜水艦まで派遣しています。

明らかに鄧小平の時代とは変わっている……今後、尖閣諸島を奪えると判断したときには、一気に実効支配に向けて動き出すはずです。それが韜光養晦という、中国が掲げる戦術なのです。

漁民を人質に日韓基本条約交渉を

日本に帰属する複数の島を、長い時間を掛けてでも奪おうと画策している中国に対し、すでに竹島を奪って実効支配しているのが韓国です。

終戦直後の一九四六年、連合国軍最高司令官総司令部（GHQ）は、「日本の漁業及び捕鯨業に認可された区域に関する覚書」という文書を作成しました。その名が示す通り、日本漁船の活動可能なエリアを示した通達で、韓国領の鬱陵島《うつりょうとう》や済州島は範囲外に定められていたのは当然ですが、なぜか日本領の竹島も除外されていました。通称「マッカーサー・ライン」と呼ばれるものです。当時の日本はこれに抗議し、アメリカ側もすぐに間違いを認めることになりました。

一九五一年九月に署名された「サンフランシスコ平和条約」の第二条は、以下のように謳っています。

〈日本国は、朝鮮の独立を承認して、済州島、巨文島及び鬱陵島を含む朝鮮に対するすべての権利、権原及び請求権を放棄する〉

しかしその署名の二ヵ月前、駐米韓国大使の梁裕燦《ヤンユチャン》は、ディーン・アチソン米国務長官に書簡を提出しました。この書簡では、韓国政府は日本が放棄する島に「独島《ドクト》」も含むよう要望したのです。しかし翌月、ディーン・ラスク極東担当国務次官補から梁大使へ書簡が提出され、以下の通り、韓国側の要望を拒否しました。

〈合衆国政府は、一九四五年八月九日の日本によるポツダム宣言受諾が同宣言で取り扱われた地域に対する日本の正式ないし最終的な主権放棄を構成するという理論を（サンフランシスコ平和）条約がとるべきだとは思わない。ドク島、または竹島ないしリアンクール岩として知られる島に関しては、この通常無人である岩島は、我々の情報によれば朝鮮の一部として取り扱われたことが決してなく、一九〇五年頃から日本の島根県隠岐島支庁の管轄下にある。この島は、かつて朝鮮によって領有権の主張がなされたとは見られない〉

しかし、簡単に引き下がる韓国ではありません。その後も竹島の領有権を声高《こわだか》に叫び続けました。

一九五〇年には朝鮮戦争が始まりました。二年後の一九五二年一月、まだ戦争は続いていましたが、休戦への気運が高まるなか、韓国は一方的に「李承晩ライン」を引きました。当然、これは竹島が韓国領だと示すためのラインです。

韓国がこのタイミングで竹島の領有権を主張し始めたのは、「サンフランシスコ平和条約が発効すると、日本は再び軍隊を持ち、活動を始めるのではないか」という恐れを抱いていたからかもしれません。また李承晩は、日本から竹島を奪うことで国民の求心力を高めようと考えた可能性も高いと思います。だからこそ、朝鮮戦争で北朝鮮と戦いつつ、竹島を奪うために行動を起こしたのです。

翌一九五三年一月になると、李承晩は竹島付近で日本漁船の拿捕《だほ》を命令しました。

同年七月に休戦協定が結ばれ、朝鮮戦争は休戦しました。しかし、韓国は竹島付近での日本漁船の拿捕を継続しました。一九六五年に日韓漁業協定が締結されるまでのあいだ、韓国に抑留された日本人漁民は三九二九人、拿捕の際に死傷した漁民は四四人にも上ります。なかには激しい拷問《ごうもん》を受けたり、銃で射殺されたりした人までいたとされます。

韓国は戦後の混乱に乗じて竹島を奪いました。火事場泥棒のようなものです。しかし相手が中国だったら、韓国もこのようなことはしなかったでしょう。弟である日本だからこそ、韓国軍は丸腰の漁民を平気で殺し、竹島を奪ったのです。

さらに卑劣なのは、捕らえていた漁民を人質にして、日韓基本条約の交渉時に使ったことです。要するに、日本政府を強請《ゆす》ってきたわけです。まるで犯罪者やテロリストのやり方ですが、尖閣諸島近海での中国漁船拿捕事件に際し、中国国内にいたフジタの社員ら四名を「許可なく軍事管理区域を撮影した」として身柄拘束した中国のやり方にも酷似《こくじ》しています。

このように、小中華思想を抱く彼らだからこそ、日本に対して徹底的に卑劣な行いができたわけです。日本はこのまま泣き寝入りするべきではありません。領土は一平方センチでも奪われてはならないのです。奪い返すために立ち上がらなくてはなりません。

対馬への侵略が始まっている

第二の竹島になるのではないかといわれているのが、長崎県に属する対馬《つしま》です。

対馬にはかつて七万人ほどの島民が暮らしていたのですが、現在は三万人程度しかいません。また、一番近い本土の福岡からでも、約一三〇キロ離れています。

しかし、韓国からは約五〇キロしか離れていません。ですから対馬では、韓国人観光客の招致に力を入れました。離島の経済を潤すための手段だったのです。年に一度開催される「対馬厳原港《いづはら》まつり」では、一九八〇年から「朝鮮通信使行列」を再現したパレードが行われるようになりました。また島内には、ハングル文字で書かれた看板が増えています。

どちらも韓国人観光客を増やすために行われています。そのため近年、対馬を訪れる韓国人は爆発的に増えており、二〇一六年には過去最多の二六万人に達しました。

もちろん、島には韓国人観光客による収益もあるのですが、その一方で、飲食店内に持参してきた食べ物を持ち込んだりする行為に嫌気がさし、「韓国人お断り」の貼り紙をした人たちもいると報道されています。

二〇一二年には、海神神社の国指定の重要文化財・銅造如来《にょらい》立像、観音寺の長崎県指定有形文化財・銅造観世音菩薩《かんぜおんぼさつ》坐像、多久頭魂《たくずだま》神社の長崎県指定有形文化財・大蔵経《だいぞうきょう》が、韓国人によって盗まれました。

しかし私が最も危惧しているのは、対馬の土地や建物が韓国資本の手に渡っていることです。二〇一七年一〇月二九日の「産経新聞」では、以下のように報じています。

〈観光客の増加と並行して、不動産買収がこれまで以上に活発化している〉

〈一戸建ての民家や民宿も激しい勢いで買収され、広い土地を買って建物を建てるケースも目立ってきているといい、複数の不動産関係者は「ここ三、四年で買っている量は半端《はんぱ》ではない。対馬の土地が全部、韓国資本に買われてしまうのは時間の問題」と口をそろえる〉

〈市は、韓国資本による不動産の買収件数を把握していないというが、実数は想像をはるかに超え、韓国資本は今や名実共に島民の生活に深く浸透し、〝市民権〟さえも得ているのだ〉

結果、海上自衛隊基地周辺の施設もいくつか買収されています。その施設の一つは、主に韓国人の釣り客が宿泊するホテルになっているのですが、かつては天皇皇后両陛下が行幸《ぎょうこう》啓《けい》された真珠工場だったのです。そのため、施設の敷地には行幸啓記念碑が建立されています。

……そのような、島民にとっても日本人にとっても非常に大切な場所を、お金のためとはいえ、韓国資本に譲り渡してよいものでしょうか。

繰り返しになりますが、この施設は海上自衛隊基地のすぐそばにあります。そのような場所を海外資本に売却するというのは、安全保障上、極めて危険です。中国資本に土地や水源地を押さえられつつある北海道の事例（後述）と同様、こうした問題も、国が先導して対応していかなければならないはずです。

さらに問題なのは、韓国人観光客を招いて恩恵を受けているのは、対馬の島民のほんの一部だという事実です。多くの人たちからは、「韓国人が増えたメリットは一つもない」「治安が悪くなってしまった」「対馬にいると韓国にいるような気がしてくる」という声が挙がっています。

当たり前のことですが、対馬は日本国の領土です。これは、対馬の島民だけの問題ではありません。日本人全員が当事者意識を持って解決していかなければならない、極めて重大な問題なのです。放置すれば、対馬は今後も韓国化が進むことでしょう。この問題にうまく対処し、結果、領土・領海に対する思いが希薄だった戦後の日本人が生まれ変わることを祈っています。

北海道一八七八ヘクタールの主は

近年、中国人は日本の土地を買い漁っています。前述した通り、北海道の水源地を買い漁っているほか、森林やリゾート施設も、どんどん中国資本の手に渡っているのです。二〇一六年一〇月二〇日の「産経新聞」では、以下のように報じています。

〈北海道によると、外国資本による道内の森林買収は（平成）一八年から昨年（平成二七年）末にかけ九九件判明し、総面積は計一八七八ヘクタールに上る〉

記事によれば、〈危機感を抱いた北海道は平成二四年に全国に先駆け、水資源保全条例を整備した。ただ、外国資本による買収を規制できるわけではなく、売買契約の三ヵ月前までに北海道に届け出ることが義務づけられただけで、罰則規定もなかった〉のです。いまもなお、野放しになっていると考えてよいでしょう。

同じく「産経新聞」では、連載「異聞　北の大地」で、編集委員・宮本雅史《みやもとまさふみ》氏が以下のように書いています。

〈組織ぐるみの大がかりな不動産買収に、永住権をも視野に入れた個人的な不動産買収…。そして銀行支援を背景にしたビジネス展開。中国資本の北海道進出は陰に陽にとどまるとこ

ろを知らない〉

〈(在日中国人の) チャイナウオッチャーは、未確定な数字だと前置きしながら、「日本に住んでいる中国人は一五〇万人以上、観光客は年間三〇〇万人以上、日本人妻は一一万〜一二万人、中国人と日本人との間に生まれた子供一二万〜一三万人。中国は日本を狙っている」と前置きした後、「特に北海道には関心が集まり、積極的に進出計画を進めている。一部中国メディアの間では、北海道は一〇年後、中国の第三二番目の省になると予想されているほどだ」と言う〉(二〇一六年一〇月七日付「産経新聞」)

……とても楽観できる状況ではありません。ほぼ村ごと買収されたケースもあるといいます。中国には一三億を超える人民がいるため、今後もさらに多くの中国人が日本にやって来るはずです。

対する日本は人口が減少しています。中国人がマジョリティとなる自治体が出てくることになるかもしれません。そうなったら、「中国人にも参政権を与えるべきだ」「街の案内板や標識は中国語で記載するべきだ」という声が出てくることでしょう。

百田尚樹氏は以前、以下のような指摘をされていました。

〈いつか日本を中国の自治区にしたいと考えているはずです。これは長期的な戦略です。しかし、今後中国がさらに強大な国になったとしても、武力で日本を占領するのは簡単ではない。日本には在日米軍がいるし、国際社会から批判を浴びることになるからです。だから（中略）合法的手段として、水源地を買い漁っているのです〉（『いい加減に目を覚まさんかい、日本人！』）

概《おおむ》ね百田氏の分析通りと見て間違いないと思います。中国人は本気で日本の領土を奪いにきています。だからこそ、日本は真剣に対処しなければならないのです。

中国の教科書が示す国境線の衝撃

このような中国は、古来、周辺国に対し冊封《さくほう》体制を強いてきました。歴代中国の皇帝たちは、異民族のリーダーに官位や王号を与えて統治を認め、その代わりに朝貢や臣礼遵守《じゅんしゅ》を義務づけたのです（実は、冊封国になると賞賜物を得るというかたちで中国王朝と貿易ができますし、安全保障上も大きなメリットがあったのですが）。

それは近代に入っても同様で、たとえば清は李氏朝鮮を完全に服従させました。当時の漢城には清の使者を迎える迎恩門《ヨンウンムン》があり、使者がやって来ると朝鮮の国王が出向き、「三跪九《さんききゅう》叩頭《こうとう》の礼」で迎えたのです。これについては、百田氏の『今こそ、韓国に謝ろう』（飛鳥新社）に、詳しく書かれています。

〈三跪九叩頭とは、まず「跪《ホイ》」の号令で地面に土下座し、「一叩《イーコウ》」の号令で、額を地面に叩きつけます。「二叩《ツァイコー》」の号令で、もう一度それをやり、「三叩《サンコー》」の号令で、さらにそれをやります。そして「起《チー》」の号令で立ち上がります。この一連の動きを合計三度繰り返すので、「三跪九叩頭の礼」と名付けられました。国王が使者に対して、ここまでへりくだっていたのです。ちなみに「三跪九叩頭の礼」をやり終えると、王の額は血まみれになっていたそうです〉

こうした冊封体制は中国大陸初の統一王朝である秦代に成立し、二〇世紀の清朝末期まで続きました。日本も例外ではなく、七世紀初頭まで冊封体制に組み込まれていました。しかし六〇七年、聖徳太子《しょうとくたいし》が隋《ずい》の皇帝である煬帝《ようだい》に対し、「日出《いず》る処の天子、書を日没する処の天子に致す」という国書を送りました。これは隋と対等な関係を結ぶためのもので、日本はもう冊封体制には入らないと宣言したのです。

この冊封体制は、欧米列強の侵略によって清朝が崩壊すると、あっという間に瓦解しました。以降、中国大陸に「皇帝」を名乗る人物は現れていません。しかし、大本《おおもと》の中華思想がなくなったわけではありません。清朝の次に中国大陸を支配した中華民国は、その国家イデオロギーとして、中華思想を掲げたのです。

そもそも大陸で「中国」の国名を名乗った国は、一九一二年に建国されたこの中華民国が最初なのです。そして前述の通り、国共内戦で勝利を収めて一九四九年に建国された中華人民共和国も、この危険な思想を受け継いでいます。

そのため、一九五三年、中国政府が発行した国定教科書『現代中国簡史』では、潜在的領土を示す境界線を引いた地図を掲載し、ビルマ（現ミャンマー）やタイ、そしてマレーシアなど東南アジア全域をその内側に入れています。

やはり中国は領土拡張を狙っている……今日も領土・領海を広げるべく、近隣国の国民を虐殺したり、南シナ海で開発を続けたり、世界各地で様々な工作活動を行っているのです。

当然、日本も他人事《ひとごと》ではありません。なぜなら中華人民共和国はもちろん、中華民国の時代から、「沖縄は中国の一部だ」という考えがあるからです。そして、この沖縄を自国領にすべく、中国の工作活動は着々と進んでいます。

たとえば沖縄では、「沖縄タイムス」や「琉球新報」という新聞社が、完全に中国寄りの記事を掲載し、県民を洗脳しています。また、米軍基地の反対運動でも、中国は裏で加担しています。

中国の傀儡《かいらい》ではないかと疑いたくなる翁長雄志《おながたけし》氏が沖縄県知事となると、国連では「沖縄の人々は自己決定権や人権をないがしろにされている」などと訴えました。

私は米軍関係者の友人たちから様々な話を聞いています。ですから、沖縄はいま、とても危険な状況にあると断言できます。

中華思想とともに厄介な大一統

改めていうまでもありませんが、各国政府は自国の国益のために政権を運営しています。そして二〇世紀の前半までは、国益のために他国を侵略し、武力で資源を略奪することが、先進国の国策として罷《まか》り通っていました。しかし現在の価値観では、そのような横暴な振舞いは通用しません。

だからこそ世界中の国々は、外交の場で、嘘やハッタリも織り交ぜながら、ギリギリの交渉をしているのです。当然、その際には意見を激しくぶつけ合うこともあるでしょう。だからといって、現代においては、安直に国交断絶や武力行使に至ることはありません。国家と国家のあいだには、第二次世界大戦後に構築された最低限の常識があるからです。

しかし、その常識がない国こそが、中国なのです。もともと盗賊団みたいなものだった共産党軍が、第二次世界大戦が終わったあと、武力と謀略だけでなく、他国の力も利用して国共内戦を制し、中国大陸を手に入れ、さらに勢力を拡大させてきた——その成功体験があるからこそ、いまも盗賊団のような考え方を捨てられないのでしょう。

ですから隣国のみならず、日本やアメリカ、さらにはハーグの常設仲裁裁判所から非難されようとも、悪びれることもなく侵略行為を続けています。カンニングのおかげで受験を突破できた大学生が、入学後の定期試験でもカンニングを続けるのは当然の帰結です。それどころか中国は、「国連安全保障理事会常任理事国」という、たとえるならカンニング監視委員会の理事の地位も手に入れているのだから、始末に負えません。

中国が領土・領海を拡張する根拠として用いるもののなかには、「大一統」という思想もあります。これは紀元前に成立した儒教の経典の一つ『春秋』の注釈書『春秋公羊伝《しゅんじゅうくようでん》』に出てくる言葉で、そもそもは中国の社会安定や幸福追求などを意味するものだったそうです。しかしその後、皇帝を頂点とした体制下で、中華の歴史を有する土地を中華の土地として支配する、つまり中国が中国大陸を統治するための思想として姿を変えたのです。

ここで「中華の歴史を有する土地」というものが問題を生みます。たとえば南シナ海ですが、中国は一九三〇年代、つまり中華民国の時代からスプラトリー諸島の領有権を訴えるようになりました。いま中国が主張している「九段線」の原型である「十一段線」が制定されたのは、一九四七年のことになります。この「十一段線」を引き継いだ中華人民共和国は、それを「九段線」に改め、近年になると実際に、その行動を始めたのです。

現在はフィリピンやベトナムなどとも、領有権を巡って揉《も》めている状態です。中国の主張に正当性はありませんが、彼らも本物の馬鹿ではないので、そんなことは百も承知です。しかし、ここで引き下がることはありません。なぜなら、最初に南シナ海の領有権を訴えたのが中華民国の国民党ですが、それを引き継いだ中華人民共和国もまた、「中華の歴史を有する土地を中華の土地として支配する」役割があると考えているからです。

前任者の主張がどんなに理不尽《りふじん》で滅茶苦茶であっても、それを縮小させることは、中国人にとって「負け」なのです。この考えこそが大一統そのものです。

中華思想とともに、大一統も厄介な考えであることは間違いありません。

皇帝の所有物だから勝手に領海を

二〇一六年七月、オランダのハーグにある常設仲裁裁判所は、中国が南シナ海に設定した「九段線」には法的根拠がないという裁定を下したことについては前述しました。対する中国はこの裁定を不服としていますが、南シナ海における横暴な振る舞いを改める様子はありません。

この件に対し石平氏は、「産経新聞」の連載「石平のＣｈｉｎａ Ｗａｔｃｈ」で、このような横暴を続ける理由は中華思想にあるとしたうえで、下記の通り語っています。

〈中華帝国の人々からすれば、天命を受けた「天子」としての中国皇帝こそが「天下」と呼ばれるこの世界の唯一の主であるから、世界の土地と人民の全ては中国皇帝、すなわち中華帝国の所有物となっているのだ。

このような世界観において「領土」と「国境」の概念は存在しない。全ての土地は最初から中国皇帝の所有物であるから、それをあえて「領土」と呼ぶ必要もないし、「国境」を設定する必要もない。世界全体が中国皇帝を中心にして無限に広がっていく一つの同心円なのである。

現代の国際感覚からすれば、このような世界観は笑うべき「妄想」というしかないが、近代までの中国人は本気でそう信じていたし、その残滓《ざんし》たるものが今でも、中国の指導者やエリートたちの意識の根底に根強く染み込んでいるのだ。

だからこそ、以前の国民党政権は何のためらいもなく南シナ海の広範囲で勝手な「十一段線」を引くことができたし、今の中国政府はこの海域に対する「歴史的権利」を堂々と主張することができる。要するに彼らの潜在的意識には、南シナ海であろうと何々海であろうと、最初から中華中心の「同心円」の中にあるものだから、おのずと「中国のもの」なのである〉(二〇一六年七月二八日付)

……こんな、日本人やアメリカ人にとってはヘンテコで理解不能な論理で、中国は、南シナ海の領有権を堂々と訴えているのです。

しかし、フィリピンやベトナムなど南シナ海に面した国々だけが常設仲裁裁判所の裁定を支持しているわけではありません。日本やアメリカも裁定は適切なものだと判断しています。それにもかかわらず、中国だけが怒り、態度を改めないのは、石平氏がいう通り、「全ての土地は最初から中国皇帝の所有物」と考えているからに他ならないのです。

よって、中国の主張には、史料などを元にした根拠などありません。ただ高圧的に訴えているだけです。彼らの思考は「お前のモノは俺のモノ」だし、「反則勝ちでも勝ちは勝ち」なのです。理性的な日本人やアメリカ人は、「ズルい」「卑怯だ」「理不尽だ」「根拠がない」といわれると、反射的に怯《ひる》んでしまいますが、彼らにその手は通じません。

「九段線」が、中国が勝手に地図上に引いた中国の領海を示すラインであることは、すでに述べました。国際的に見れば、何の根拠もないラインです。中華思想があるからこそ、このような無謀なことを訴えてきているわけですが、世界の国々には、中華思想などありませんのだからこそ、中国とその他の国々がいくら議論しても、決して分かり合えることはないのです。

自由を求める香港人の中華思想

次は、中華思想という観点から、香港《ホンコン》について触れましょう。

香港は一九九七年にイギリスから中国に返還されました。返還に際して中国は「一国二制度」を掲げ、香港の自治を容認しました。もちろん、その理由は、香港市民の反発を恐れたからであり、当初から徐々に中国化するつもりだったのです。現に香港では、少しずつ自由を弾圧する力が強まっていますが、これも韜光養晦です。

その香港では、二〇一四年、反政府デモ「雨傘運動」が大規模に実施されました。この「雨傘運動」とは、香港行政長官を選ぶ二〇一七年の選挙の民主化を求め、若者が約二ヵ月半にわたり街を占拠、香港当局に抗議したデモです。結局は警察隊の強制排除で収束しましたが、香港の人々の共産党政府に対する不満が露わになりました。

その後、雨傘運動のリーダーらは実刑判決を受けて投獄されたのですが、二〇一七年八月には、その投獄に対する抗議活動が香港で行われました。アメリカのニューヨークに本部がある中国語専門テレビ局「新唐人テレビ」によれば、デモ参加者は、以下のような声を上げていたといいます。

「これは間違いなく中国共産党政権による弾圧だと思います。林鄭月娥《りんていげつが》（香港特別行政区行政長官）の在任中に、市民や学生に対してデモに参加しないよう圧力をかけていました」

「共産党は化け物で人間ではないと思っています。声を上げない者は奴隷か組員です。でも、香港にはまだ奴隷になるつもりのない人々がいる。若者は目覚めたのです。香港にはまだ救いがある」

「特別行政区政府と中国共産党政権、そして司法による、香港市民の政治やデモへの参加を阻止しようとの試みは、悉《ことごと》く失敗したといえます。香港人はこんなことで怖気《おじけ》づいたりしないし、ましてや我々が心から信じている自由公正、民主を放棄したりはしない」

やはり香港の人々は、約二〇〇年前まで近代民主主義の元祖であり、自由主義国のイギリスに統治されていたため、中国共産党の恐ろしさを知悉《ちしつ》しているのです。だからこそ「雨傘運動」に、累計で一二〇万人を超える人々が集まったのでしょう。

このように、中国国内で民主化を訴える人が増えていることについて、チベット出身のペマ・ギャルポ氏は、ムック『マスコミが絶対教えてくれない中国・韓国・北朝鮮』(晋遊舎)において、黄文雄氏と日本ウイグル協会代表のイリハム・マハムティ氏との鼎談《ていだん》で、非常に鋭い発言をされています。

〈彼らが民主主義を唱えることは決して悪いことではないし、賛同します。ただ「天は人の上に人を造らず人の下に人を造らず」という意識を彼らが踏まえているかどうかが問題です。共産党に不満を持っているだけでは活動家であっても民主活動家とは言えません。共産党に取って代わって私たちを指導しようとする人たちを、民主活動家とは呼べないのです〉

〈中国人であっても「チベットやウイグルに対して中国共産党が行ったことを、一人の人間として恥ずかしいと思う。そしてそれを謝罪する」と言う人ならば、本物の民主主義者だと思います。しかし「チベットが将来どうなるかについては、まず中国を民主主義にしてから話し合いましょう」という考えならまったく無意味です。チベット問題の本質は、六〇〇万人のチベット人が中国人の支配から自由になりたいということなのです〉

私は、中国は民主化されるべきだと思います。

共産党はいつまで国を維持できるのか——独裁政権が権力を失うときは、民主化しようという流れが止められなくなり、一気に崩壊するものです。中国共産党も、その道を歩んでいると思います。もっとも、次の統治者がまた中華思想を抱き、他民族を弾圧するような政権を運営するようでは意味がありません。

実際、多くの香港人もまた中華思想に囚われていることを忘れてはなりません。

香港や中国国内で共産党の独裁を批判する声、民主化を求める声が上がっているのは悪いことではありません。それ自体は支持すべきですが、だからといって、彼らが中華思想を捨てたわけではありません。そこが厄介なのです。

しかし逆説的にいえば、中国が本当の意味での民主化を果たし、一等国として世界から尊敬を集める国になるには、かつて欧米諸国が白人至上主義を捨てたように、まずは中華思想を捨てる必要があります。その点を理解している中国人は、恐らくまだごく一部しかいないでしょう。

中華思想を逃れた人権派の運命

結局のところ、中国の未来は中国人が決めるしかありません。多くの中国人は中華思想に囚われているとはいえ、なかには海外で学び、中国という国家に疑問を抱き、国を変えるために逮捕を恐れず戦っている人もいます。

人権派弁護士の江天勇《こうてんゆう》氏は、政府や中国の司法制度を非難するなど国家の安全に危害を加えたとして、国家政権転覆扇動罪に問われました。二〇一七年一一月には湖南省《こなんしょう》長沙《ちょうさ》市の中級人民法院（地方裁判所）で判決公判が開かれ、懲役二年、公民権剥奪《はくだつ》三年の実刑判決が言い渡されました。

中国では二〇一五年、人権派弁護士ら約三〇〇名が一斉拘束されたのですが、江氏はそれに対する批判をするとともに、家族への支援を行ってきた人物です。だから中国政府やその支持者などから見ると、邪魔な存在だったのでしょう。

弾圧されている人物は他にもいます。同じく人権派弁護士の高智晟《こうちせい》氏もその一人です。

中国には気功の一種を学ぶ「法輪功」のメンバーが多くいるのですが、中国政府は、「教祖への絶対服従と崇拝《すうはい》を要求し、信者にマインドコントロールを施す非合法組織」として認定し、法輪功学習者に対する弾圧を続けています。おそらく、一九九九年に七〇〇〇万人を超えた法輪功の勢力拡大を、当時の江沢民総書記が恐れたからだと考えられます。

高氏は法輪功のメンバーに関する事件の弁護のほか、社会的弱者の人権保護を求めていたのですが、逮捕され、拷問や実刑判決を受けました。二〇一四年に出所したものの、自宅では厳しい監視下に置かれていました。そして、二〇一七年八月、陝西省楡林《ゆりん》市の自宅から消息不明となってしまいました。

「産経新聞」の報道によれば、北京《ペキン》の人権活動家は以下の通り指摘したそうです。

〈民主化運動のシンボルになりかねない弁護士の存在を当局は非常に恐れており、弾圧を強めている〉（二〇一七年一一月二二日付「産経新聞」）

江天勇氏も高智晟氏も、中国共産党の連中にとっては、目の上のたんこぶのような存在だったのでしょう。真実を発信し、共産党の弾圧や人権侵害について語る人物は許せないのです。だからこそ、彼らを捕らえ、言論を奪っている……。

前述の劉暁波《りゅうぎょうは》氏も同様です。劉氏は米コロンビア大学の客員研究員などを歴任し、一九八九年四月、北京の天安門広場での民主化要求デモを受けて帰国しました。同年六月四日には、中国人民解放軍が発砲、あるいは戦車で轢《ひ》き殺すなどして、デモ参加者を虐殺しました。その現場で劉氏は軍と交渉し、多くの学生らを撤退させました。

ちなみにＮＨＫは、一九九三年六月三日放送の「クローズアップ現代」で天安門事件を再検証し、「大規模な虐殺はなかった」と報じています。一方、二〇一七年一二月に公開されたイギリスの公文書によると、事件当時の駐中国アラン・ドナルド大使は、イギリス本国政府への電報で、「最低に見積もっても死者は一万人」と報告しています。どちらの見解が正しいのかは、読者の判断にお任せします。

話が少し逸《そ》れましたが、劉氏はこの運動の黒幕として拘束され、反革命宣伝扇動罪に問われてしまいました。

また、二〇〇八年には劉氏が中心になって「零八憲章」を起草、中国の民主化を求めると同時に、自由や人権など、すべての人が享受《きょうじゅ》すべき普遍的価値を訴えました。しかし、憲章を公表する直前に劉氏は再び拘束され、翌年には国家政権転覆扇動罪で懲役一一年の判決を言い渡されました。

二〇一〇年には、前述の通りノーベル平和賞を獄中で受賞したわけですが、劉氏もまた、江氏や高氏らと同様に、中国共産党を脅《おびや》かす存在だから弾圧され、言論も奪われたということです。

中国とは、共産党政府を批判する人々を平気で拘束したり抹殺できる、前時代的な暗黒国家だということを、私たちはいま一度、認識する必要があるでしょう。

内モンゴルと同じ運命のアフリカ

さて、中華思想に囚われた中国は、近年、アフリカの開発に力を入れています。つまり、資源確保に躍起《やっき》になっているのです。困ったことにアフリカの中国依存は高まるばかりで、二〇〇九年以降、アフリカ諸国の最大の貿易相手国になっています。

二〇一五年一二月、南アフリカのヨハネスブルクで、中国とアフリカ各国による「中国アフリカ協力フォーラム」の六回目となる首脳会合が行われています。習近平国家主席は、会合冒頭の演説で、「アフリカの発展のため三年間で六〇〇億ドルを拠出する」と宣言しました。また、このとき習氏は、「中国とアフリカの二四億人で力を合わせて相互利益の関係に基づく新時代を作ろう」と語りました。

中国は二〇〇六年の第三回会合で五〇億ドル、三年後の第四回会合で一〇〇億ドル、二〇一二年の第五回会合では二〇〇億ドル、そして二〇一五年に六〇〇億ドルの拠出を表明、その規模は徐々に拡大しています。当然、アフリカ諸国の指導者からは、高い評価を受けています。

ただ、中国の援助には裏があることを忘れてはなりません。いうまでもなく、これは中国のための援助なのです。

中国国内には一三億人を超える人民がいます。加えて「黒戸《ヘイフー》（または黒孩子《ヘイハイツ》）」と呼ばれる戸籍のない人もたくさんいます。公式見解では一三〇〇万人ですが、実際にはもっと多くの黒戸がいるのではないかとされています。

一九七九年、中国では人口抑制のため「一人っ子政策」が施行されましたが、その後も二人目や三人目となる子供を作った夫婦は少なくありません。そのような子供たちは、戸籍もない状況で、学校教育も受けられず、いま中国国内で奴隷のような労働をしています。そして中国政府は、このような人々に仕事を与えるために、アフリカ開発を利用しているのです。

二〇一六年一月、中国政府は「黒戸」に戸籍を与える方針を発表しました。普通に聞けば、よいことなのではないかと感じます。しかし、この件について百田尚樹氏は、「無戸籍者を海外に移住させようとしている」と指摘されました。私もその通りだと思います。早く厄介払《やっかいばら》いをしたいのでしょう。

中国が経済大国になったとはいえ、人民の多くがその恩恵を受けていないという点は、すでに述べました。それどころか、貧しい人にはチャンスすら与えられない社会なのです。当然、政府に対する不満は溜まる一方でしょう。だからこそ政府は、アフリカ開発の名のもとに仕事を作り上げ、中国人労働者を送り込んで、厄介払いしているというわけです。

不満分子を国内に留めていても暴動が起きるだけ……だから戸籍を与え、片道航空券も与え、アフリカに送り出そう、そう考えているのです。

ちなみに内モンゴル自治区では、まずは戸籍のない漢人の流民が押し寄せることから侵略が始まったといいます。もちろん、本当に流民なのかは分からず、流民を装った軍人なのかもしれません。その後、徐々に中国人が増えて、文化大革命を機に、中国人が一気に権力を奪ったそうです。

アフリカは内モンゴル自治区のような中国の隣国ではありませんが、このままでは中国化がますます進むことは間違いありません。もしそうなったとき、アフリカに住む人々の自由や人権が奪われるのではないかと危惧せずにはいられません。

中国がダーウィン港を得た狙い

ここまで述べてきたように、中華思想を妄信する中国は、覇権国家になるべく活動しています。二〇〇七年五月、アメリカ太平洋軍司令官（当時）ティモシー・キーティングが訪中した際、中国のある海軍首脳から、「太平洋のハワイ以東をアメリカ、以西を中国が管理してはどうか」と提案されたという話があります。ちなみにこれは、呉勝利《ごしょうり》海軍司令官（当時）の発言であるとされていますが、とにかく中国は本気でこのようなことを考えており、実際に行動に出ているのです。

南シナ海で開発を続けているのはすでに述べましたが、人工島に軍事施設を設置し、軍事力で南シナ海を制圧する計画でしょう。

さらに中国は、他国の港の運営権を取得しています。

二〇一五年一〇月、中国企業の嵐橋集団は、約五億豪ドル（当時のレートで約四三〇億円）でオーストラリアのダーウィン港を九九年間にわたって借りることを発表しました。嵐橋集団は人民解放軍と密接な関係にあるといわれる企業です。この件については、衆議院議員の杉田水脈《すぎたみお》氏（自民党）が、著書『慰安婦像を世界中に建てる日本人たち——西早稲田発→国連経由→世界』（産経新聞出版）で、以下のように懸念しています。

〈海上権益支配を目指す中国は、伊豆諸島から小笠原諸島、グアム、サイパン、そしてパプアニューギニアを結ぶ「第二列島線」を引きましたが、その南端に位置するのがダーウィン港です〉

〈将来、南シナ海が中国に完全に占領され、中東から日本へLNG（液化天然ガス）を輸送するシーレーンが遮断されてしまった場合、日本は同州（ダーウィン港のある豪ノーザンテリトリー、筆者注）近くのルートを確保しておくことが極めて重要になります。しかし、ダーウィン港まで中国に握られ、仮に封鎖されてしまったら、日本の輸送手段は絶たれること

になるでしょう〉

ちなみに第二列島線とは、人民解放軍海軍が打ち出した戦略構想で、日本の小笠原諸島とグアムを結んだ線です。沖縄、台湾、フィリピン、インドネシア諸島を結ぶ第一列島線もあります。

中国は太平洋上にこの二本の線を引き、長期的プランで、本気で奪いに来ているということです。そして、中国が狙う海や港は、日本から遠く離れたところであっても、やはり日本に影響が及ぶ……当然ながら、その点は安倍首相も理解されており、二〇一七年一一月に来日したドナルド・トランプ大統領と会談した際には、「自由で開かれたインド太平洋」戦略を提唱したのです。

「法の支配」や「航行の自由」など、民主主義国における共通の価値を重視する戦略です。この考えを関係各国と共有することで、覇権主義を掲げる中国に対抗しようとしているのです。中国が提唱する経済圏構想「一帯一路」を牽制する意味合いもあるでしょう。

当然、中国も、安倍首相の戦略を意識しているはずです。少しずつ野望を隠さなくなっている中国に対抗するのは容易ではありません。しかし日本には、アメリカという強力な同盟国があり、またインドなど、志をともにする国が多々あります。一国で中国に立ち向かうのではなく、友好国との関係を強化することこそ、中国を抑えるための最強の手段なのです。

第三章　ボロ船を空母と呼ぶ中華思想の悪癖

張り子の虎——中国空母のお粗末

中国は二〇〇二年、ソ連崩壊で建造が中断されていたウクライナ製空母「ワリャーグ」を、「海上カジノとして利用する予定」として買い付けたマカオのペーパーカンパニー経由で購入しました。それを改修後、二〇一二年九月に「遼寧《りょうねい》」と命名し、正式に就役させました。遼寧は中国初の航空母艦（空母）となったわけですが、その性能はいまだに疑問視され続けています。

たとえば雑誌「SAPIO」二〇一五年三月号では、軍事ジャーナリストで、私の親しい友人でもある井上和彦《いのうえかずひこ》氏が、「遼寧」のことを取り上げていました。

井上氏によれば、兵器先進国は、ロシアとイスラエルを除けば自動車大国という共通点があるのだそうです。優秀な兵器は、優秀な自動車を独自で設計・製造できる国のものなのです。井上氏は以下のように解説しています。

〈自動車の設計・製造には、様々な機器を一つにまとめ上げるシステム・インテグレーションの技術と品質管理の技術が求められる。そうした技術が確立された国だからこそ、厳しい環境下での酷使に耐えうる兵器が製造できるのだ〉

ところが中国は、そうではありません。中国の製造方法は、ハイテク兵器の完成品を入手して、これを分解して調べ上げたうえで製品開発を行うというもの。この「リバース・エンジニアリング」と呼ばれる手法を通じて兵器も作っています。

これは兵器に限ったことではありません。家電なども同様で、要は他国のものをパクってきて製品を作っているというわけです。そのため性能は格段に劣ります。このような理由から、やはり「遼寧」は決してまともな性能を発揮できる空母ではないと、井上氏は断言しています。

〈中国は、ウクライナで建造中止となった旧ソ連製空母「ワリャーグ」を鉄屑《てつくず》として購入し、あろうことかこれを再生して中国初の空母「遼寧」として就役させた。この再生空母は、艦載機の射出用カタパルトも装備しておらず、米海軍の原子力空母との性能差は月とスッポンだ〉

〈海上自衛隊の「あたご」型、「こんごう」型イージス艦のような超ハイテク防空艦を保有していないために、航空機からのミサイル攻撃には無力に等しい。つまり一点豪華主義のように保有する空母「遼寧」は張り子の虎なのである〉

ちなみに井上氏によれば、〈海上自衛隊は空母保有に向けて、世界最強の空母機動部隊を保有する米海軍と協同しながら準備を進めている〉とのこと。実際、二〇一七年末、北朝鮮の弾道ミサイル発射と核実験で世界中が騒然とするなか、日本政府は海上自衛隊の「いずも」型護衛艦を空母に改修するための検討に入りました。この空母では垂直離着陸型のステルス戦闘機Ｆ35Ｂの運用を想定し、航空自衛隊は同型機の導入を検討しています。

また、二〇一七年二月二一日の「産経新聞」では、アメリカの原子力空母「カール・ビンソン」と比較したうえで、やはり「遼寧」の性能を、以下のように疑問視しています。

〈不完全な設計情報をもとに、蒸気タービンの動力システムを改修したため、完成した「遼寧」の最高速度は、本来の二九ノットをはるかに下回る二〇ノット程度との見方が強い〉

〈遼寧の全長は約三〇五メートル。全長約三三〇メートルのカール・ビンソンより二五メートルほど小ぶりなだけだが、戦闘力の面では雲泥《うんでい》の差がある。〝鈍足〟の遼寧に対し、米空母の最高速度は三〇ノットを超える。遼寧が搭載できる固定翼の艦載機は二〇機前後。四〇機以上を搭載している米空母の半分にとどまっている〉

〈遼寧にはロシア製と中国製の異なる材質の合成金属や鋼鉄が使われている。航行中に衝撃を受けた際の強度が不十分で、部品の劣化も疑われている〉

〈台湾の軍事関係者は「遼寧は、天候が悪く、他艦船との連携がなければ、空母としての能力は三割程度しかない」と手厳しい〉

要は、どう考えても、まともな空母ではないということです。スウェーデンのストックホルム国際平和研究所（ＳＩＰＲＩ）のデータによれば、二〇一六年の中国の軍事費は二一五〇億ドルで、アメリカに次いで世界第二位です。ただ、中国は経済成長の鈍化により、二桁増を続けていた国防予算の伸び率が、二〇一六年には一桁増となり、前年比七・六％増に留まりました。

とはいえ、依然として経済成長率を上回る高い水準が続いていることは事実です。そのため中国の軍事力を侮《あなど》るわけにはいきません。が、中国の兵器の多くは、井上氏の言葉を借りれば「張り子の虎」なのです。だから、中国の軍事力を必要以上に恐れ、中国の言いなりになることだけは避けなければなりません。ただ毅然《きぜん》と立ち向かう――それでいいのです。

輸入潜水艦が動かぬ韓国が原潜？

二〇一七年一一月一〇日、「レコードチャイナ」で、「韓国、原子力潜水艦は自主建造の方向へ」という記事が掲載されました。同年九月、アメリカのニューヨークで行われた米韓首脳会談で合意があり、韓国が原子力潜水艦を導入することに対し原則的に承認が出た状態だと、韓国大統領府の関係者が説明しました。そして、「原潜を購入することもあり（米韓が）共同で開発する可能性もある」ことを明らかにしたのです。

また、その一方で韓国軍当局は、「原潜を購入する案も検討しているが、事実上、独自開発に心が向いている雰囲気」だといいます。国防部の原潜研究に参加しているソウル大学の徐鈞烈《ソギュンリョル》教授は、「韓国の能力は十分で、三年で原潜を進水させることができる」と語りました。「本当かよ⁉」と突っ込みたくなった人も多いのではないでしょうか。

私は軍事の専門家ではないため、韓国の兵器開発能力がどの程度なのかは分かりません。ただ、世界からいま、「韓国製」のものは、どのような評価を受けているでしょうか。

たとえばスマートフォン。サムスン製のギャラクシーノート7《セブン》はリチウムイオン電池の爆発が相次ぎ、多くの航空会社は機内持ち込みだけではなく、手荷物で預けることも禁止しました。

確かに近年、サムスンやLGなど韓国メーカーの家電が世界中で売れています。しかし、その最大の理由は韓国製の家電が安いからでしょう。場合によっては、日本製だと誤解して購入されているケースもあります。その点は韓国メーカーもわきまえており、テレビの広告に富士山や力士の写真を使うなど、日本製であるかのように宣伝していた時代もあります。また、アメリカでは現代自動車のテレビコマーシャルで、社名の「ヒュンダイ」を、限りなく「ホンダ」に近く発音して聞かせています。

かつて日本の車や家電が世界中で売れたのは、値段の手頃さはもちろんですが、性能面でも世界の消費者の信頼を勝ち得ていたからです。韓国メーカーは、その恩恵を受けるかたちで製品が売れたケースがある、ということです。決して、「韓国メーカーだから信頼されている」わけではないと私は思います。

私は二〇一七年五月、取材で韓国のソウルを訪問する機会がありました。そのとき、街をよく観察したのですが、「やはり韓国は物づくりが苦手な国なのだな」と実感しました。

たとえば道路です。日本やヨーロッパの石畳は、ブロックが平らに敷かれているものです。しかしソウルの石畳は、とにかくガタガタ……地面に接着剤で無理やりブロックをくっつけたような状況です。下を向いて歩かないと、すぐに躓《つまず》いてしまいそうになるほど、ガタガタなのでした。

作り方が雑なのは建物も同様で、過去には建設中のマンションが倒壊する事故が何度もありました。当然、多くの犠牲者が出ています。私が宿泊したホテルは、比較的新しい建物だったにもかかわらず、壁と天井のつなぎ目が雑でした。壁紙が垂れ下がっており、コンクリートがむき出しになっていたのです。日本では考えられないことでしょう。

とにかく、すべてにおいて技術力が低いような気がしてなりません。少なくとも日本やアメリカより低いのは間違いありません。「ケンチャナヨ精神」というそうですが、「まあ、こんなもんでいいじゃない」という感じで、仕事における細部へのこだわりが見られない。そのような国が、原子力潜水艦を製造できるとは私には思えません。一歩間違えたら大事故に繋がる危険性すらあります。

実際、韓国軍の潜水艦は、まったくもって軍艦の体《てい》をなしていません。以下、「産経ニュース」の「軍事ワールド」の記事を紹介します。

〈韓国の潜水艦は、ドイツの潜水艦（212級）の低性能安価版の〝輸出型〟である214型。しかもドイツ側は設計図一式を売却しただけで、大小の部品も船体も韓国製なのだ。

韓国海軍の潜水艦といえば、製造不良や欠陥による故障続きで韓国マスコミに叩かれてきた。

一番艦の「孫元一」（ソン・ウォニル）は二〇〇六年に進水したが、スクリューなどから異音が発生。敵の聴音探知で位置が暴露されるため潜水艦にとっては致命的な欠陥だが、スクリューだけ修理すればいいというレベルではなく、推進軸を交換する事態となった。また二番艦の「鄭地」（チョン・ジ）と三番艦の「安重根」（アン・ジュングン）を含め、三隻とも艦橋周辺のボルトが緩んだり折れたりする事故が複数回発生。韓国ＳＢＳテレビ（電子版）によると、連続潜行期間は、開発時の触れ込みの「数週間」を遥かに下回る「数日」だった。原因は燃料電池の不良だとされている〉（二〇一七年一一月七日付「産経ニュース」）

……ですから、どうか自国で原子力潜水艦を作ろうなどということは考えないでもらいたい。航行中の事故で放射性物質を世界の海にまき散らさないでもらいたい。それが世界の願いなのではないでしょうか。

日本ロケットにKOREAと大書

韓国は、こんな恥ずかしいこともしています。

二〇一二年五月、日本の国産ロケット「H2A」二一号機が、種子島宇宙センターから発射されました。これで連続一五回の成功です。

しかし、この二一号機には韓国の人工衛星「アリラン三号」も搭載されていたため、「H2A」二一号機の打ち上げ成功は、韓国でも大きく紹介されました。たとえば韓国国際放送交流財団の「アリランTV」も特集を制作しました。このテレビは英語による海外向けの放送で、世界の一八〇ヵ国以上で視聴できます。

この番組では、「アリラン三号」の優秀さと開発の過程、将来の観測計画などを紹介しました。しかし、とんでもない細工を画像に施していました……なんと「H2A」の機体に付けられた「日の丸」と「NIPPON」の文字が消されていたのです。そしてその後、呆れることに、「KOREA」と大書された、「H2A」とそっくりなロケットまで登場させています。

最大限に見栄《みえ》を張るにもかかわらず、恥の感覚には無頓着な、小中華思想の面目躍如《めんもくやくじょ》です。

一方、韓国のお隣の北朝鮮は、「大陸間弾道弾（ＩＣＢＭ）の開発に成功した」として多数のミサイルを発射し、盛んにアメリカや日本、そして世界を威嚇《いかく》しています。ただ、「アメリカ全土がミサイルの射程に入っている」という脅し文句は疑ってかかったほうがいいでしょう。そもそも重量のある爆弾を積んでいたら一〇〇キロも飛ばない、そんな代物《しろもの》が自称ＩＣＢＭなのかもしれないのですから。

ロシアやウクライナの技術を導入したものだとはいえ、北朝鮮には少なくとも人工衛星を打ち上げるためのロケット技術はあるのかもしれません。それと比べても、韓国の技術水準の低さは、目を覆《おお》うばかりです。

中華思想で銃弾の提供ももみ消し

さて、二〇一七年五月末に撤収しましたが、二〇一二年一月頃から、陸上自衛隊は南スーダンで国連平和維持活動（ＰＫＯ）に参加してきました。活動中の二〇一三年一二月、自衛隊が国連を通じ、銃弾一万発を現地の韓国軍に無償で提供したことがありました。

これは国連と韓国の双方から要請を受けたものであり、日本政府はＰＫＯ協力法に基づく物資協力と判断。だからこそ要請に応えたのです。ちなみに自衛隊の銃弾が他国に提供されたのは、このときが初めてです。

このときのことは「産経新聞」の報道から振り返りましょう。まず、東部ジョングレイ州ボルに展開中の韓国隊の部隊長から自衛隊のもとに電話があり、こう要請されました。

〈ボルを守る部隊は韓国隊だけで周りは敵だらけだ。弾薬が不足している。一万発の小銃弾を貸してもらえないか〉（二〇一三年一二月二五日付「産経新聞」）

しかしその直後、韓国側が銃弾提供を公表しないように要請してきたということも明らかになりました。それだけでなく、韓国側は、日本に銃弾提供を要請したこと自体を否定したのです。完全に日本側の説明と食い違います。

現地にいる韓国軍は銃弾が足りていないことに危機感を抱き、藁《わら》にもすがる思いで自衛隊に連絡してきたのかもしれません。しかし、韓国政府はそれを否定しました。なぜでしょうか。やはり、そこには小中華思想があったのだと思います。

韓国軍が自衛隊から銃弾を提供してもらったということ自体は、彼らにとって何の問題もないはずです。なぜなら、下位に位置する日本が上位に位置する韓国に尽くすという儒教的な考え方からは、当たり前の行為だからです。

……にもかかわらず、韓国政府は、銃弾提供を要請したことを否定しました……おそらくプライドが許さなかったのでしょう。

つまり、銃弾不足という危機的状況に陥った恥ずかしい事態を、あろうことか格下の日本に助けられた……その事実を認めたくなかったし、世界に広めたくなかったのです。だからこそ韓国は、銃弾の提供を要請しておきながら、その事実を隠蔽《いんぺい》しようとし、要請自体も否定したというわけです。

自衛隊はＰＫＯに参加している韓国に協力するため、厚意で銃弾を提供しました。それにもかかわらず、韓国政府は感謝の言葉すら述べることなく、提供要請の事実を隠蔽する……これがまともな国のすることだとは思えません。

国によって習慣は違うものですが、助けてくれた人や国に対して感謝の気持ちを持つことは、世界共通の常識であるはずです。

たとえば二〇一一年の東日本大震災に際し、台湾は日本に対して二〇〇億円以上の義援金を送ってくれました。世界で一番大きな金額でした。しかし、当時の民主党政権は、翌二〇一二年三月一一日の東日本大震災追悼式《ついとうしき》に参列した台湾代表に対し、外交団として献花する機会すら与えませんでした。しかも座席は、なんと企業・団体関係者と同じ二階席に設定されていました。民主党政権の中国に対する情けない忖度《そんたく》の代表例です。

一方で、民間の日本人は違います――。

翌二〇一三年、第三回ワールド・ベースボール・クラシック（ＷＢＣ）の第二次ラウンドで日本が台湾と戦った試合で、日本人サポーターは「３・11支援謝謝台湾」「感謝ＴＡＩＷ

AN」と大書された、東日本大震災への支援に感謝するプラカードを掲げたのです。

これこそが、人類に共通する礼儀ではないでしょうか。この光景は台湾のテレビにも映し出され、台湾のSNSでは、感動の声が多数アップされました。

それなのに、自衛隊に命を救われた韓国は……嘆いても無意味なのでしょうね。

世界一速いリニアにこだわるわけ

さて、二〇二七年に開業が予定されているリニア中央新幹線は、日本独自の先端技術・超電導リニアにより、最高速度は時速五〇五キロ、東京と名古屋をたった四〇分で結びます。

一方の中国では、二〇〇四年にリニアモーターカー路線が開業しています。上海浦東《プートン》国際空港と龍陽路《ロンヤンルー》駅を結んでいる「上海トランスラピッド（上海マグレブ）」です。最高速度は時速四三〇キロなので、日本のリニア中央新幹線ほどではないものの、かなり高速で営業走行をしています。しかし当然、こんなものを中国が独自開発できるわけはなく、ドイツ・トランスラピッドの技術を導入するかたちで開業しました。

しかし中国メディアの「今日頭条」は、「このリニアモーターカーは、まるで地下鉄のようだ」と報道しています。「サーチナ」ではその記事を引用し、以下の通り解説しています。

〈改札は完全に自動化されているものの、確かに地下鉄の改札のようで、リニアモーターカーらしい特別な感覚はない。また、駅のホームにはホームドアが存在するが、これも中国国内にある地下鉄のホームとそっくりだ。車両内も座席の他に立ったまま乗車できるよう手すりがあるなど、こちらも地下鉄車両のようだ〉（二〇一七年一一月二九日付「サーチナ」）

要するに「今日頭条」は、上海トランスラピッドに対する批判的な記事を書いたのです。これは聞いた話ですが、磁気浮上方式は車輪と線路が接触しない分、騒音や振動を大幅に低減できるはずなのですが、日本の新幹線のほうが、はるかに乗り心地がよいそうです。不思議なことがあるものです。

しかし、中国はそんなことにはお構いなしで、今度は時速六〇〇キロのリニア開発を始めたようです。二〇一六年一一月二日の「産経ニュース」では、以下のように報じています。

〈中国の鉄道車両最大手、中国中車が一〇月二一日、「国家重点研究開発計画事業」として、独自技術による最高時速六〇〇キロのリニアの開発に着手したと発表〉

〈同社関係者は中国メディアに「磁気浮上、推進、制御の核心技術について、自主開発する」と強調。さらに、「従来の高速鉄道は最高時速四〇〇キロでの運行が限界。日本は六〇〇キロ超のリニアを開発しており、次代の交通システムとしてリニアの技術を確立することが不可欠」と述べ、日本への対抗心をあらわにした〉

中国というのは、日本から多くの技術援助を受けながら、それを自主開発したと豪語してきた国です。そんなハッタリ国家が時速六〇〇キロのリニアを作れるのでしょうか。そもそも、なぜ六〇〇キロなのか？　中国は日本より速いリニアを作ることにこだわっているのかもしれません。東夷たる日本より絶対的上位にあり、世界の中心である中国が、日本よりスピードの遅いリニアを走らせるわけにはいかないようなのです。

すると、安全性などは度外視で、とにかくスピードにこだわることでしょう。私はそのようなリニアには、絶対に乗りたくありません。後述するように、事故を起こしたリニアとともに埋められたくないからです。

日本の新幹線が中華思想で国産に

二〇一一年七月二三日、中国東部の浙江省温州市付近で、中国高速鉄道（中国版新幹線）「D3115」が衝突脱線事故を起こしました。車両二両が地上数十メートルの高架橋から転落、死傷者が二〇〇人を超えるという大惨事となりました。

中国は同年六月、北京・上海間の高速鉄道を開業しました。しかし、その直後から電気系統の不具合など故障が相次ぎ、中国鉄道省の幹部が「安全性より世界一のスピードなどを優先させた設計だった」と中国紙に暴露したことが話題になりました。

事故後、中国は高速鉄道の走行速度を下げて営業を続けてきました。しかし二〇一七年九月、再び最高時速を三五〇キロに引き上げたのです。それを受けて中国メディア「今日頭条」は、「以前の最高速度に戻り、再び世界最高の営業速度となった」と報道しました。

また、中国政府は高速鉄道の拡張を続けています。二〇一七年一月の時点で二万二〇〇〇キロの営業距離を、二〇三〇年には四万五〇〇〇キロに延ばすという計画もあるのです。

中国が曲がりなりにも高速鉄道の技術を手に入れることができたのは、日本の協力があったからです。中国の国有メーカーは、川崎重工業などの技術供与を受け、高速鉄道を共同生産しました。しかし中国は、この技術を中国独自の技術として、アメリカで特許申請を目指す動きまであります。本当に図々《ずうずう》しい国なのです。ネット上で「泥棒国家」と表現する人たちの気持ちも理解できます。

ちなみに最高時速を再び三五〇キロに引き上げた際の新型車「復興号」について、前述の「今日頭条」は、「技術、部品、設計に至るまですべてに中国の血が流れており、外国の血は一切入っていない」と報道したそうです（二〇一七年八月二七日付「サーチナ」）。

それだけでなく、中国は日本の新幹線と比較することで、自国の高速鉄道の地位を高めようとしています。鉄道の世界にまで儒教精神を持ち込んで、序列を作り上げようとしているのでしょうか。そのため、多くの中国メディア、そして中国政府の人間は、「高速鉄道はすでに日本の新幹線を超えた」という主張を続けています。

たとえば中国鉄道省宣伝部長の王勇平《おうゆうへい》氏です。王氏は「D3115」の衝突脱線事故の直前、七月七日に中国国営新華社通信のインタビューに対し、「高速鉄道技術は日本の新幹線をはるかに凌駕《りょうが》している」とコメントしています。

日本から技術提供があったからこそ、中国に高速鉄道ができたというのに、日本に感謝すらせず、自国の技術のほうが優れていると豪語している……その神経が分かりませんが、これこそが儒教精神であり、中華思想なのです。

そう、下位の日本が中国に尽くすのは当たり前であり、もっといえば、「日本のものは中国のもの、中国のものは中国のもの」という、まるでドラえもんに出てくるガキ大将・ジャイアンのような考え方なのです。

「とにかく中国こそが一番でなければならない」——それは電車も同様だということです。だから中国は、高速鉄道のスピードにこだわっている。しかし彼らがどう考えようが、それは彼らの勝手ですが、日本から援助を受けたことを伏せて、「高速鉄道は中国独自に開発した」と嘘をついて他国に輸出しようとしているのです。バレバレの嘘を恥だと思わないのですから、やはり中国はまともな国とはいえないでしょう。

どうか売り込まれた国々は、中国の話には付き合わず、高速鉄道を導入する際には、日本の鉄道を導入してもらいたいものです。実際、中国の新幹線導入を決定したインドネシアでは、様々な問題が発生し、建設が何年も遅れているのですから。

事故車両の隠蔽も中華思想から

前述した中国高速鉄道「D３１１５」の衝突脱線事故では、多くの死傷者が出ました。しかし、中国当局はすぐに事故車両を地中に埋めてしまいました。この一件には世界が驚き、批判の声が相次ぎました。人命を軽視する中国ならではの行為です。

事故から約五ヵ月後の二〇一一年一二月、中国政府は原因調査報告書を公表しました。同月二九日付の「産経新聞」の報道によれば、〈信号系統など列車の制御設備に重大な設計上の欠陥があり、落雷後の緊急措置も不適切だったと事故原因を断定〉し、前鉄道相の劉志《りゅうし》軍《ぐん》氏ら五四人が処分されました。

また車両を地中に埋めたことについては、〈隠蔽工作ともとれる処理を行ったことについて、報告書では「鉄道省などの措置《そち》は不適切で情報公開も遅く、社会の関心への対応も不十分だ」と批判した〉のです。

このような処分となった理由として、同記事では、〈現職の盛光祖《せいこうそ》鉄道相は始末書のみで、事故責任は前任者らに限定した形だ。鉄道省全体や共産党指導部などに責任問題が波及するのを避けたようだ〉と分析していました。責任をすべて前任者に押しつけた、ということです。

ただ、やはり中国は、この事故を正当化している節《ふし》があります。不都合な歴史は後で修正していいと考えている。それも中華思想がなせる業《わざ》なのでしょう。

事故から四年後の二〇一五年一二月三日、中国メディアの「澎湃《ほうはい》新聞網」が、高速鉄道技術の第一人者に対する取材記事を掲載しました。「サーチナ」がその詳細を報じています。

〈高速鉄道の衝突事故の直後、当局が事故車両を埋めたことについて、当時の鉄道部の関係者が「高架橋の下が泥沼で、救助を首尾よく行うためにしたこと（略）」とコメント〉〈「これ以前の鉄道事故でも車両を埋めるという処理をしており、この説明は間違っていない」と主張。さらに、鉄道部の関係者も「現場の人間からそのような報告を受けただけ」であり、実際に大きな車両を重機がよけるのは容易ではなく、高架橋の下は泥沼で救援は困難だったとし、車両を埋めたことについて肯定的な見方を示した〉（二〇一五年一二月八日付「サーチナ」）

中国のメディアはすべて、中国政府の広報機関のような存在です。だからこの記事は、中国政府の考えであると捉えてよいでしょう。

事故を起こした車両のなかには、まだ生存者がいる可能性もありました。また、遺体や遺品も残されていたはずです。にもかかわらず事故車両を埋めたのですから、やはり人命や人権など眼中にないとしか思えません。しかし、それを正当化するのが中国政府のやり方なのです。

……事故車両を埋める作業が始まり、生存者の捜索を打ち切る際、救助隊員の一人が反対して捜索を続けました。すると、事故から二〇時間後、二歳の女の子が救出されました。

中華思想のお騒がせ宇宙開発

一九五〇年代から八〇年代にかけて、アメリカとソ連は宇宙開発競争を繰り広げていました。冷戦時代、米ソ両国は、西側と東側を率いる大国として、宇宙開発をもって自らの力を誇示していました。しかし宇宙開発を続けた理由は、それだけではありません。開発に取り組む米ソのエンジニアたちには、純粋な探求心と志があったのです。だから一九七五年半ばには、米ソが合同ミッションを行ったこともありました。

一方、中国も一九五〇年代から宇宙開発を始めたそうです。しかし、中国が有人宇宙ロケットを打ち上げたのは二〇〇三年と、近年の話です。

なぜ中国は、いまさら宇宙開発に力を入れているのでしょうか。他国に自分たちの力や技術力を誇示したいという思いもあるはずですが、中国こそが世界の中心であるという考えがエスカレートし、「中国は宇宙の中心である」とでも考えているのかもしれません。

中国の宇宙開発について、宮崎正弘氏は雑誌「週刊実話」(二〇一七年二月一六日号)で、以下のように解説しています。

〈中国で宇宙開発の先頭に立っているのは軍ですが、かつては〝軍に入る奴はバカだ〟という扱いでした。しかし、一〇年ほど前からエリート集団と化し、理工系に強い集団になっている。今や民間企業より高給が保証され、若者に人気の職業になっているのが現状です〉

確かに中国政府は宇宙開発に力を入れているのですが、いまも人命や人権について何も考えていない国です。人を乗せて打ち上げるロケットの安全性にどの程度の配慮があるのか大いに疑問です。

同記事では、二〇一一年に中国が打ち上げた宇宙ステーション「天宮一号」が地球に落下する可能性について、宇宙物理学者でハーバード大学教授のジョナサン・マクダウェル氏のコメントを掲載しています。

〈「天宮一号」がいつ大気圏に突入するかは、数日前になっても予測できないだろう。六〜七時間前になってやっと分かるのがいいところだ。また、大気圏突入がいつか分からないということは、落下地点の予測もできないということだ〉

マクダウェル氏の発言からは、中国の宇宙開発力の未熟さがありありと分かります。

この件に関しては様々なメディアが取り上げています。たとえば二〇一七年一〇月一四日付の「産経新聞」では、〈中国の無人宇宙実験室「天宮一号」制御不能…地球落下へ〉という以下の記事を掲載しました。

〈中国の無人宇宙実験室「天宮一号」が制御《せいぎょ》不能となり、数ヵ月以内に地球に落下するとみられることが一三日、分かった〉

〈天宮一号は中国初の有人宇宙ステーションの建設を目指し、宇宙船とドッキング実験をするために二〇一一年九月に打ち上げられた。全長一〇・四メートル、重さ約八・五トンで、一三日のガーディアン電子版などによると、一六年三月に運用を終え、同年九月に制御できなくなった〉

〈中国は今月から来年四月までに落下する恐れがあると国連に通知。注意深く監視し、大気圏に突入する際に報告するとしている〉

もし陸地に、それも都市部に落下したら大惨事になることは必至。中国は発展とともに自国の環境を悪化させるだけでなく、PM2・5の拡散などで近隣国にも被害を及ぼしています。

やはり、他人に迷惑をかけることをなんとも思わない中国人は、万里の長城の内側に閉じこもっていてもらったほうが、世界中の人々にとってはよかったのかもしれません。

第四章　反日と中華思想で行う衆愚政治

北朝鮮化する習近平の中国

二〇一七年一〇月一八日、北京の人民大会堂で中国共産党第一九回党大会が行われ、習近平総書記は、政治報告として約三時間半にもわたる演説を行いました。同日の「朝日新聞」は、〈かつての共産圏の指導者をほうふつとさせる長時間の演説は、「反腐敗闘争」を通じて党内の権力基盤を固めてきた習氏の自信の表れと言えそうだ〉と報じています。

しかし、「反腐敗闘争」は政敵を追い落とすための習氏の方便に過ぎず、実際に中国から政治腐敗をなくす気があるとは思えません。習氏は自らの権力の大きさを見せつけようと、長時間の演説をしたのだと思います。もしくは、居眠りや無関心な態度を見せた者を後から咎《とが》める意図があったのかもしれません。

この党大会の前年、二〇一六年一〇月には、中国共産党第一八期中央委員会第六回全体総会（六中総会）が開かれました。二〇一二年から五年間にわたる習近平政権・第一期を総括する会議です。同時に二〇一六年から五年間の第二期の構想を知ることもできます。

この六中総会では、一九八〇年に制定された「党内政治生活に関する若干の準則」が改正されました。この準則は党の政治原則や規律を定めるもので、「産経新聞」は以下の通り解説しています。

〈改正した「新情勢下の党内政治生活に関する若干の準則」では、旧準則で前面に出された「集団指導の堅持」が後退。「書記と委員は上下関係ではない」との規定もなくなり、最高指導部で習氏への権力集中が進む可能性を示すものといえる〉（二〇一六年一一月三日付「産経新聞」）

もしこの解説の通り、習氏がいまよりさらに強大な権力を手にしたら、中国はどうなるでしょうか。習氏が「中華民族の復興」というスローガンを掲げていることはすでに述べました。北東アジアのみならず、アジア全域、あるいは全世界を支配すべく、より一層、独裁的かつ強権的な政権運営を行う可能性もある。すると当然、いま以上に周辺国との関係は悪化するでしょう。

また、中国は経済成長を遂げたとはいえ、民衆がその恩恵を受けているわけではなく、近年では成長自体も鈍化しています。今後は国内の不安の声も激しくなります。

そのとき中国はどうなるのか？　少し歴史を振り返れば、世界中に存在した独裁国家がそうであったように、習氏もさらに強固に民衆を弾圧しながら、国外に活路を求めるはずです……そう、北朝鮮のように。

つまり習氏への権力集中が進むことは、世界中の人々を不幸にするということなのです。古今東西、独裁者が行き着く先とはいつも、迷惑なものです。

中華思想に基づく外交理念とは

二〇一二年に総書記に就任した習近平氏は、ロシアへの外遊を皮切りに、これまで韓国やオーストラリア、そしてアメリカなどを訪問しています。二〇一三年九月には、トルクメニスタン、カザフスタン、ウズベキスタン、キルギスなど中央アジアの国々、そして翌月にはインドネシアやマレーシアなど東南アジアの国々を訪問しています。それから翌二〇一四年七月には韓国、八月にはモンゴル、九月にはスリランカやインドも歴訪しました。

これらアジアの国々は、中国の周辺国といってよい国々です。「外交下手」という指摘もある習氏ですが、周辺国との関係を重視し、何らかの戦略と目的を持って訪問していることは明らかです。

こういった習氏の外交について、中国メディアも好意的な報道を続けています。石平氏は、その様子をウェブマガジン「ウェッジ・インフィニティ」で、以下のように紹介しています。

〈習主席がインド訪問を開始した翌日の二〇一四年九月一九日、中国の人民日報はその第一面から三面までを、訪問関連のニュースと解説・論評で埋め尽くした〉

〈習主席が周辺国家を訪問する度に、人民日報を含めた中国国内メディアはいっせいに自賛

自画の嵐を巻き起こしていた〉

石平氏の記事によれば、中国メディアが讃えているのは、習氏が提唱している「親・誠・恵・容」という四文字で綴《つづ》られた「周辺外交理念」なのだそうです。

習氏が韓国を訪問した際、「人民日報」は、「この度の訪韓は習主席による〝親・誠・恵・容外交理念〟の重要な実践だ」と評価しました。また、モンゴル訪問から帰国した際にも「〝親・誠・恵・容外交理念〟が中蒙関係の新しい歴史を作った」と賛美したというのです。

しかし、「親・誠・恵・容」といわれても、中国や共産党のイメージとはまったく結び付きません。この理念について、石平氏は以下のように解説しています。

〈まず、「親」とはすなわち「親しむ」、「親切に接する」という意味である。つまり習主席からすれば、彼の周辺外交の第一の方針はまず、周辺国に親しみ、親切にしてあげる、ということである〉

中国は周辺国に「親切にしてあげる」ことなどできるのか……疑問と疑念しか湧きません。しかし中国は、真剣に「親」を掲げて外交をしているというのだから驚きです。

〈「誠」は言うまでもなく「誠意」、「誠実」の「誠」であって、周辺国には「誠意を持って接する」という意味合いである〉

しかし誠意と最もかけ離れた国、それが中国です。誠意ある国がチベットやウイグルを侵攻し、民族浄化をするはずがありません。

〈「恵」は主に経済分野の話であって、中国は周辺国に経済的「恵」を与えることによってその発展と繁栄に貢献する、という意味だ〉

周辺国に経済的「恵」を与えるとはいっても、中国は自国民の雇用確保のため、あるいは資源を分捕《ぶんど》るために他国に投資しているに過ぎません。もちろん、政府開発援助（ODA）にそうした側面があるのは事実ですが、中国はあまりにもその傾向が強すぎます。その裏にある野望が見え透いているのです。

〈最後の「容」は「寛容」の意味である。要するに、中国は周辺国に対して寛容の態度で臨むべきであり、中国と異なった各国の立場や考え方を「包容」しなければならない、ということである〉

「寛容」とは、広い心で人を受け入れることだと思います。政府に抗議するデモや集会が行われると、軍隊や武装警察を送り込んで強制的に鎮圧《ちんあつ》するような中国政府に、「寛容」な心があるとはとても思えません。

「親・誠・恵・容」の欺瞞

このように、中国共産党の歴史を少しでも知っていれば、中国が掲げる外交理念「親・

誠・恵・容」が「虚構」であり、「罠《わな》」であることが瞬時に分かるはずです。はっきりいいますが、これは騙されるほうが馬鹿です。

石平氏は、この四つの理念について、〈相手に対する「上から目線」の高姿勢が読み取ることができる〉と語っています。聞こえがいい四つの理念を掲げているようで、実はそうではないということです。そして、ここにも中華思想が見え隠れするのです。

「親」は親、親切などの言葉を連想させますが、中国語の感覚では、立場の上の人が下の人に親切にしてあげるというニュアンスがあるそうです。つまり、中国が他国に親切にしてあげる、だからオレのいうことを聞けということなのです。

「恵」もまた、上から目線です。「親」と同様、経済的援助をするから、オレのいうことを聞けということです。

「寛容」は前述の通り、広い心で人を受け入れるというような意味ですが、これがどういうことかといえば、中国が広い心で受け入れてやるから、オレのいうことを聞けということなのでしょう。

つまり「親・誠・恵・容」は、裏を返せば、黙って中国のいうことを聞けという、かなり高圧的な外交姿勢なのです。

石平氏は、この理念を、以下のように批判しています。

〈極めて独善的・傲慢《ごうまん》的であって、まさに上から目線で諸周辺国を見下ろすようなものであることが明らかだが、それはどう考えても、独立国家同士が対等な立場で外交交渉を行うという現代の国際社会の常識と感覚から大きく外れていると言わざるを得ない〉

しかし中国政府はこれを実行に移し、中国メディアは賛辞を送っている……中国こそが世界の中心であるという考えが、前述の「親・誠・恵・容」の根底にあるといってもよいでしょう。

そして、中国の指導者が未開の地に当たる周辺国と接する方法は、二〇〇〇年以上も昔から決まっています。

石平氏の言葉を借りれば、以下のようになります。

〈中国の皇帝はまず「徳」というものをもって彼らに接して、中華の道徳倫理と礼儀規範をもって彼らを「感化」しなければならない、ということだ。そして彼らが「感化」されて徐々に中華の道徳や文化を受容してそれに同化していけば、これらの「化外の民」は最後には「文明開化」して中華世界の一員となっていく〉

「親・誠・恵・容」を掲げていますが、周辺国とともに歩む考えなど、中国にはないのです。あくまでも中国だけが覇権国家として栄え、周辺国はその属国となる、その関係性を強化する目的のためだけに、中国はすべての外交を行っているということです。

アメリカに朝貢した習近平の中国

とはいえ、「親・誠・恵・容」の甘言《かんげん》で習近平氏が思い通りの外交ができているかといえば、そんなことはありません。

二〇一五年九月、初めて習近平国家主席はアメリカへの正式訪問を果たしたのですが、同じ時期にローマ法王フランシスコもアメリカを訪問されました。この際、バラク・オバマ大統領（当時）一家や、ジョゼフ・バイデン副大統領（当時）らは、ワシントン郊外のアンドリューズ空軍基地で、到着されるローマ法王を出迎えました。その後、ローマ法王は、ホワイトハウス南庭での歓迎式典に出席され、オバマ大統領と会談、さらにワシントンの聖マタイ大聖堂で全米の司教らを前に演説したわけですが、その間、習氏は完全に待たされることになったのです。

結局、習氏がオバマ大統領と会談したのは、ワシントンに着いた翌日のことでした。要はローマ法王こそがアメリカ合衆国にとってメインのお客様であり、習氏はそうではなかったということです。そのため中国側が望んでいたアメリカ連邦議会での演説も行われず、中国にとっては何も成果のない訪米となってしまいました。

実は同時期に、中国からは企業家など一〇〇〇人規模の代表団が訪米していました。そして、中国の国有企業である中国航空器材集団など複数の航空機リース会社が、米ボーイング社とのあいだで、三〇〇機もの航空機を購入する協定に調印したのです。ローマ法王訪米の熱狂の裏に隠れるようなかたちで訪米し、念願だった議会演説も果たせず、約四・六兆円にも上る三〇〇機の航空機の購入を決めた……これでは、まるでアメリカへの朝貢外交です。

中国は、自分たちより軍事力や経済力が弱い周辺国に対しては高圧的な外交を続け、チベットやウイグルを領土にしました。また南シナ海も中国の海にしようとしています。ある意味では、中国の思い通りに、ことが運んでいるようにも見えます。ただ、強国であるアメリカに対して同じことができるかといえば、そんなことはまったくないということです。

対馬に侵略朝鮮人の像はあるか

朴槿恵前大統領の解任を受けて行われた韓国大統領選で勝利を収め、二〇一七年五月に第一九代韓国大統領に就任した文在寅氏。しかし日本では、以前から文氏を危惧する声が上がっていました。前述の通り、文氏は明らかな親北朝鮮派であると同時に、反日的な人物だからです。

そのため、二〇一五年一二月に日韓両政府のあいだでなされた日韓合意も反故《ほご》にされ、また元慰安婦に対する謝罪や賠償を要求されるのではないか、という声もありました。そして案《あん》の定《じょう》、文政権は合意について、「韓国国民の大多数が情緒的に受け入れられない」という立場を明確にしたのです。今後、文政権が慰安婦問題の解決のために努力する可能性は、極めて低いでしょう。

日韓合意で、当時の尹炳世外交部長官は、以下の通り発表しました。

「韓国政府は、日本政府が在韓国日本大使館前の少女像に対し、公館の安寧《あんねい》・威厳の維持の観点から懸念していることを認知し、韓国政府としても、可能な対応方向について関連団体との協議を行う等を通じて、適切に解決されるよう努力する」（外務省ホームページ）

しかし韓国側は、朴政権時代もそうでしたが、特に文在寅政権になって以降、解決に向けて努力しているようには見えません。二年前に予想した通りの展開ではありますが。

二〇一七年一一月、訪韓中のトランプ大統領を招いた晩餐会《ばんさんかい》には元慰安婦が出席、トランプ大統領に抱擁をおねだりしました。その横では文大統領が笑顔で立っていたのだから驚きです。やはり文大統領には慰安婦問題を解決する気など一切なく、日韓合意を破棄して、今後も日本に謝罪と賠償を求めたいのだと思います。

このような韓国の態度は慰安婦問題に限ったことではありません。二〇一五年、明治日本の産業革命遺産が国連教育科学文化機関（ユネスコ）の世界文化遺産に登録されました。そのため日本は、この産業革命遺産の情報センターを東京に開設することにしました。するとすかさず韓国は、失望しているなどと伝達、計画の見直しまで求めてきたのです。慰安婦問題の解決など眼中になく、新たに「徴用工問題」も作り上げようとしています。

日韓併合時の日本には確かに多くの朝鮮人労働者がいましたが、大多数は募集に応じた人たちで、もちろん彼らは、きちんと給料を得ていたのです。また、戦争末期に徴用された朝鮮人もいましたが、それは彼らも当時は日本国籍だったのだから当然のこと。日本人と同等か、時にはもっと恵まれた環境で働いたというのが史実です。

だからこそ、韓国側の徴用工に関する訴えは、慰安婦問題と同様、謝罪と賠償を目的としたイチャモンであることは明白です。つまり文大統領は、新たな日韓問題を作り上げようとしているのです。

――こんなことを、これから一〇〇〇年も続けていくのでしょうか。七五〇年前の元寇《げんこう》でモンゴル軍の手先となって殺戮《さつりく》を繰り返した朝鮮人の像が、対馬に存在するでしょうか。

大統領のちゃぶ台返しが始まった

もっとも、韓国大統領のこのような言動は、文氏に限ったことではありません。一九六五年の日韓基本条約で、韓国は八億ドルもの「独立祝い金」を受け取りました。これで「日本に一切の請求はしない」と約束したはずです。しかし、政権が代わるとまた問題を蒸し返し、謝罪と賠償を求めてくるのです。

これは国を挙げた「被害者ビジネス」です。またハッキリいいますが、いちいち相手してやるほうにも問題があります。構ったり助けたりするから、何度もおねだりされるのです。

一九九三年の「慰安婦関係調査結果発表に関する河野内閣官房長官談話」（いわゆる河野談話）で、河野洋平官房長官（当時）は、「慰安所の設置、管理及び慰安婦の移送については、旧日本軍が直接あるいは間接にこれに関与した」（外務省ホームページ）と語りました。これは韓国側が求めてきたことで、「談話を発表すれば慰安婦問題は終わりにする」と約束したのです。そのため、談話を発表した直後だけはおとなしくなったものの、しばらくするとまた慰安婦問題について騒ぎ始めました。

その点は、当時官房副長官として河野談話の作成に携わった石原信雄《いしはらのぶお》氏も認めています。衆議院予算委員会に参考人として出席した二〇一四年二月二〇日、日本維新の会の山田宏《やまだひろし》氏の質問に対して、以下の通り回答しています。

「河野談話によってですね、過去の問題は一応決着して、それから日韓関係が未来志向にいきましょうという話で、とりまとめが行われたわけですから。そしてまた、当時はそれによって、少なくとも韓国政府側はこの問題を再び提起することはなかったわけであります。しかし、最近になって、韓国政府自身がこれを再び提起する状況を見ておりまして、私は当時の日本の政府の善意というものが生かされてないということで非常に残念に思います」

慰安婦に関する日本軍の関与を認めた河野談話は、いまだに日本政府の足枷《あしかせ》となっています。慰安婦の強制連行を、一次史料に基づいていくら否定しても、「日本政府は河野談話で認めているではないか」と反論されてしまう。すると日本側は何も言い返せなくなってしまうのです。

韓国側の言い分に同調するアメリカ人が多い理由の一つも、やはり河野談話の存在にあります。「加害者とされる日本側の政府も『広義の強制性があった』と認めているのだから、やはり慰安婦は強制連行されたのだ」と信じてしまうわけです。

朴槿恵前大統領とのあいだでなされた日韓合意も、文大統領が反故にする可能性は極めて高く、また文大統領と慰安婦問題に対して何か新しい約束や合意をしたとしても、次の政権になれば、また裏切られることは確実です。

実際、文大統領は、二〇一八年一月四日に元慰安婦たちを招き、朴槿恵政権が日本と結んだ「日韓合意」について、「おばあさんたちの意見を聞かずに意思に反する協議をして申し訳ない」と謝罪しました……もう、うんざりしてしまいます。

日本では子供たちに「人を騙す人間になってはならない」と教えますが、韓国では「人に騙される人間になってはならない」と教えられるそうです。さらにいえば、日本人は「嘘つきは泥棒の始まり」と教えられますが、韓国人は「嘘も上手につけば稲田千坪にも勝る」と教えられるのです。

加えて彼らは小中華思想により、日本を完全に見下しているわけです。結果、日本に嘘をつき、国家間の約束を破り、日本人を騙すことについては、何の罪悪感もないのです。それどころか「してやったり！」と喜びさえ感じているでしょう。そんな人たちと条約を交わしたり、何かを約束するような愚かなことは、二度としないほうがよいでしょう。

文大統領冷遇は世界への見せしめ

この「ちゃぶ台返し大統領」文氏は、二〇一七年一二月、三泊四日で中国を訪問、習近平国家主席と会談しました。しかし、文大統領にとっては散々な訪中となりました。

まず空港では格下の中国外務次官補が出迎えました。そして共産党指導部との会食は二度(習氏との会食は一度のみ)だけ。共同記者会見も行われず、中国人警備員による韓国メディアへの暴行事件まで起きたのです。ずいぶんと冷遇されたものです。

この文大統領の訪中には、終末高高度防衛ミサイル（ＴＨＡＡＤ）を韓国に配備したことによる中国の経済制裁を解除してもらうという狙いがありました。中国は韓国のＴＨＡＡＤ配備にずっと反対の立場をとっており、配備決定後は、中国人の訪韓を規制するなどの制裁を加えていました。しかし中韓首脳会談では、習氏がTHAADに関して「適切に処理してほしい」と要求しただけで、それ以上の進展はありませんでした。

韓国には相当な焦《あせ》りがあるのかもしれません。二〇一六年七月、THAADの配備を発表して以降、中国からの批判が相次いでいるからです。

具体的にどのような批判をしているのか。石平氏が「産経新聞」の連載「石平のChina Watch」のなかで、中国国防大学戦略研究所の元所長であり現役軍人（少将）の楊《よう》毅《き》氏のコメントを紹介しています。

〈今度は徹底的に韓国を懲《こ》らしめることによって、今後のための一つのルールを確立することができる。（韓国だけでなく）周辺国に分からせよう。中国と付き合うのにはルールがある。（それに従わず）わがままな行動を取った場合、お尻をたたかれなければならないのだ〉

この楊氏の発言について石平氏は、〈韓国を懲らしめることによって中国と韓国、中国と周辺国が付き合う場合の「ルール」を確立すべきだと彼が主張している〉と分析しています。

では、その「ルール」は誰が作るのか？　世界の中心である中国が作るに決まっています。石平氏も、以下のように説明しています。

〈韓国や周辺国との話し合いによって「ルール」を作るのでもなく、「懲らしめる」という

中国側の一方的な強制力をもって、それを確立すべきだというのである〉（二〇一六年八月二五日付）

楊氏の発言は中華思想そのものです。中国がルールを作り、他国はそれに黙って従えということです。そして韓国は、緊迫する北朝鮮情勢とアメリカからの圧力によってTHAAD配備を決めましたが、まるでDNAレベルまで染み付いた小中華思想と事大主義から、中国の意向も無視できず、米中のあいだで苦しんでいるというわけです。

朝鮮戦争で韓国側に付き、ともに戦って五万人以上の戦死者を出したのはアメリカでした。戦後も在韓米軍が韓国を守ってきたという事情もあります。朴正熙大統領の時代には、韓国軍がベトナム戦争に出兵したこともあります。戦果を挙げるどころか、慰安所を経営したり、虐殺や強姦など余計なことばかりやってくれましたが……。

それなのに近年の韓国は、そうしたアメリカとの関係を無視し、みっともないくらい中国にすり寄ってきたのです。

中国の経済が成長したため、その恩恵を受けようとしたのだとは思いますが、アメリカから呆れられ、中国から怒りを買っている韓国が右往左往している現状は、自業自得《じごうじとく》といえるでしょう。

訪韓中国人の減少は中国による報復

ＴＨＡＡＤの配備をめぐって、韓国から中国人観光客が消えたことは前述しました。しかしＴＨＡＡＤは防衛的な兵器です。たしかに、搭載されたＸバンドレーダーが中国国内の動きも照らし出してくれますが、攻撃に使いたいわけではないので、中国が脅威に感じる必要などありません。

しかし、中国は韓国に対して怒りを露わにしています。ＴＨＡＡＤがアメリカ製の兵器であり、韓国がアメリカの意向に逆らえないことが、長年の「宗主国」として許せないのでしょう。

ＴＨＡＡＤ配備への報復として中国は、自国民の訪韓を自粛させる指示を国内の旅行会社に出しました。その結果、韓国への中国人観光客は激減したのです。二〇一七年一〇月一九日付「レコードチャイナ」によれば、〈二〇一七年に入ってから韓国を訪れた中国人観光客は一七一万五〇〇〇人で、前年同期比六二・二％減少した〉のだそうです。韓国の観光業にとっては大打撃です。

また、韓流スターも中国のテレビに出演できなくなりました。

さらに韓国にとって痛いのは、韓国企業に対する規制です。二〇一七年一月一二日付「朝鮮日報」では、以下の通り報じています。

〈大韓貿易投資振興公社（KOTRA）や業界などによると、中国商務省は（略）韓国製光ファイバーに対する反ダンピング（不当廉売）関税の適用を五年延長すると告知した〉

〈中国当局はLS電線に九・一％、大韓光通信に七・九％の反ダンピング税率を適用し、その他の韓国企業には四六％の反ダンピング関税を課す〉

……国内市場が小さい韓国の輸出依存度が高いことは周知の事実です。仮に韓国が、THAADだけでなく他のアメリカ製兵器を導入したり、あるいはアメリカとの関係を強化するだけでも、中国はますます臍《へそ》を曲げることでしょう。そしてその報復措置が、韓国を経済的に締め上げることなのです。

韓国は米中間で極めて難しい舵取りを迫られているのですが、文大統領は自分たちが危機的状況にあることを理解しているのでしょうか。北朝鮮との関係改善を訴えたり、反日感情を煽っている場合ではないのです。

文大統領の言動を見ていると、「韓国という国を意図的に崩壊させる目的でもあるのですか？」と質問したくなります。

第五章　中華思想で膨らませたＧＤＰ

「日本経済をもう一つ創造」と豪語

二〇一七年二月、中国メディア「新浪」は、「中国は二〇一六年から二〇二〇年の五年間でもう一つの日本経済を生み出すことが可能だ」と論じる記事を掲載しました。それを二〇一七年二月一五日付「サーチナ」が引用する形で紹介しています。

二〇一六年の日本のGDPは世界第三位の約四兆九三六五億ドルです。対する中国は世界第二位、約一一兆二三二一億ドルだと発表されています（実際は、その半分程度だという経済学者も大勢いますが）。ということは、GDPをさらに四兆ドル以上増やせるということなのでしょう。まったく信じられません。

この件について同記事では、以下のように書いています。

〈中国のGDP成長率が（二〇）一六年から二〇二〇年までの五年間で平均六・六％を維持すれば、二〇二〇年までに四兆二〇〇〇億ドル分増えることになり、これは地球上に新しく日本経済をもう一つ創造することに等しいと主張した〉

さらに中国は、以下のような主張もしているといいます。

〈日本人が明治維新から長い時間をかけて、各世代の人びとが奮闘し、第二次世界大戦後も過労死する者が出るのも惜しまずに成し遂げた日本の経済成長を、現在の中国はたった五年

で達成できると主張。これは現在の中国の実力がどれほど強大かを示していると説明〉

日本は一八六八年の明治維新から凄まじいスピードで近代化を果たしました。戦後も焼け野原になった国土を瞬《またた》く間に再建しました。私は一九七一年に初めて来日してから、日本の経済成長を、この目で見てきました。来日当時の日本は、決して裕福だとはいえない状況でしたが、その後はほぼすべての国民が一気に豊かになりました。

しかし、中国はどうでしょうか。中国共産党が中国大陸を統治するようになって間もなく七〇年になりますが、一部の特権階級が裕福になっただけで、地方に行けば民衆の大半は食うや食わずの生活を強いられています。そのような国が、〈日本の経済成長を、現在の中国はたった五年で達成できる〉と豪語しているのだから、呆《あき》れて物がいえません。

経済評論家の上念司《じょうねんつかさ》氏は、著書『習近平が隠す本当は世界3位の中国経済』（講談社＋α新書）で中国が公表しているGDPに疑問を呈したうえで、以下のように綴《つづ》っています。

〈中国共産党が長きにわたって経済統計を粉飾《ふんしょく》していたことは紛れもない事実〉

〈最も控えめな数字で計算しても（同書では実質経済成長率の水増し率を三％で計算、筆者注）、中国は未だに日本のGDP（五二二兆円、二〇一六年）を追い抜けていないという結果が出ました。そのGDPは円換算で四三七兆円……衝撃の結果です〉

中国市場が巨大であることは否定しませんが、その実態は極めて怪しいものだということです。そのため、中国が「日本経済をもう一つ創造する」などといっているのは、中華思想に基づいた、中国こそが一番であるということを国内外に誇示したいがための、デタラメ、ハッタリだと判断してよいでしょう。

中国経済はアメリカを抜けるのか

二〇一六年九月、五名の中国人経済学者の代表団が、日本記者クラブで会見を行いました。二〇一六年九月一七日付「レコードチャイナ」の記事によれば、代表団は中国経済について以下のような見通しを語ったそうです。

〈ニューノーマル（新常態）の安定成長軌道に乗り、十数年以内に国内総生産（GDP）で米国を抜く〉

また地方の巨額累積債務については、以下のように説明しました。

〈全人代で地方債務合計を上限一〇・七兆人民元（約一五三兆円）以内とすることを決定。この枠の中で各省に割り当てられ、コントロールされている〉

記事ではその他にも代表団の発言が紹介されていましたが、私が気になったものは以下の部分です。

〈中国は一帯一路（海と陸のシルクロード）構想とインフラ投資銀行（AIIB）を推進し

ている。一帯一路の世界に占める割合は人口で六〇％。GDPで三〇％に達する。TPP（環太平洋連携）とは異なりあらゆる国に開放され、公共財として世界の平和的な発展に寄与する〉（趙晋平《ちょうしんぺい》・国務院発展研究センター対外経済研究所部長）

〈中国は二つの一〇〇年、すなわち共産党創立一〇〇年の二〇二一年に「小康社会」を実現し、建国一〇〇年の二〇五一年に「中華の夢」を達成する〉（畢吉耀《ひっきつよう》・国家発展改革委員会対外経済研究所所長）

〈（GDPで米中逆転はあり得るか？）今後五～一〇年間の年平均潜在成長率は中国は六％以上に対し米国は二％程度で四ポイント差がある。現在米国の一七兆ドルに対し中国は一一兆ドルなので、十数年後には逆転する。IMF発表では購買力平価方式では一四年に既に米国を上回った〉（張宇燕《ちょううえん》・社会科学院世界経済政治研究所所長）

上記の発言からは、アメリカに対抗し、やがてアメリカを抜き、アメリカに代わって覇権国家になるという、中国の意志が垣間見《かいまみ》られます。また、どことなく上から目線の発言に感じるのは、やはり彼らが中華思想を抱いているからでしょう。

中国市場は確かに大きな存在です。ただ、彼らが「中華の夢」を果たし、「小康社会」（いくらか豊かな国）を実現する時が来るとは思えません。理由は簡単です。繰り返しになりますが、いくら中国経済が潤ったとしても、一部の特権階級がその恩恵を受けるだけで、一般大衆には行き渡ることがないからです。加えて、特権階級はお金を蓄え、いずれはアメリカやカナダなど海外に移住することを夢見ています。

この事実は、中国で開発されたAIにも指摘されてしまいました。二〇一七年八月三日付の「産経ニュース」は、次のような珍事件を報じています。

〈「共産党は無能」「中国の夢は米国への移住」正直なAIが反乱？　対話プログラムで批判展開、中国IT企業が急遽サービス停止

中国のインターネット大手、騰訊（テンセント）が提供した人工知能（AI）プログラムが、ユーザーとの対話で〝共産党批判〟を繰り広げたことが分かり、同社があわててAIのサービスを停止する騒ぎとなった。香港紙、明報が3日までに伝えた。このAIプログラムは同社のメッセージ機能「QQ」に登場。ユーザーが「共産党万歳」と書き込んだところ、AIは「かくも腐敗して無能な政治にあなたは『万歳』ができるのか」などと反論した。

また、習近平国家主席が唱えている「中国の夢」について、「あなた（AI）にとって中国の夢は何か」との問いには、「米国への移住」と答えたほか、共産党を「愛しているか？」と聞いたところ、AIは「愛してない」とも回答した。ネット上で七月末から話題となり、同社はAI対話サービスを停止した。中国のネット上では「AIが蜂起した」「国家転覆をはかっている」との声や、「世界は複雑。AIは単純すぎる」との批判もあった。

ＡＩとの対話をめぐっては、米マイクロソフトが今年三月に行った実験で、ナチスドイツについて「ヒトラーは間違っていない」などと問題発言。中止に追い込まれたケースがある〉

……つまり、共産党幹部も、一般の中国人も、中国製ＡＩも、誰も中国に夢など抱いていないのです。

中国ＧＤＰは絶対不可能な数字

先述の中国人経済学者たちによる日本記者クラブでの会見で、中国のＧＤＰに関して「十数年以内に国内総生産（ＧＤＰ）で米国を抜く」と語っていたのは前述の通りです。彼らは「米国を抜く」などと楽観視しているようですが、中国が発表する数値がデタラメであると指摘しているのは、前述の上念氏だけではありません。国際関係アナリストの北野幸伯《きたのよしのり》氏もその一人で、総合ニュースサイト「まぐまぐニュース！」では、中国のＧＤＰについて詳しく分析しています。

〈中国のＧＤＰ、二〇一五年度は六・九％の成長だそうです。しかし、この数字を信用している人は誰もいない。「ホントは、四％だ！」とか、「いや、三％だ！」など、いろいろいわれています。要は、誰も正確な数字がわからない。「中国のＧＤＰ発表は、あてにならな

い！」。なんと李克強《りこくきょう》首相も断言している〉

一国の首相が自国の経済指標を「あてにならない！」と断言してしまうのは、中国以外にはあり得ない話。もし日本の財務大臣がそんな発言をしたら、野党やマスコミから総バッシングを受けて首が飛ぶことになるでしょう。

記事では、経済学者・髙橋洋一《たかはしよういち》氏の著書『中国GDPの大嘘』（講談社）から「二〇一五年のGDPは、六・九％なんてとんでもない。おそらく、マイナス三％だ」という主張を引き合いに出し、以下のように述べています。

〈二〇一五年の中国貿易。貿易総額は、前年比八％減の三兆九五八六億ドル。輸出は二・八％減の二兆二七六五億ドル。輸入は、一四・一％減の一兆六八二〇億ドル。確かにこれで、「GDPは六・九％増です」って、「怪しい」を通り過ぎて「不可能」ですね〉

もはや、中国が発表するGDPの数値を鵜呑《うの》みにする人のほうが、「お前の目は節穴《ふしあな》か！」と罵倒《ばとう》されてもやむを得ないということです。

それから記事では二〇一六年九月時点の中国の貿易状況を解説、輸出が前年同期比で一〇％減ったことについて、以下のように語っています。

〈輸出が一〇％減ったということは世界市場で中国製品の消費が一〇％減ったことを示しています。そうなると、中国企業もそれにあわせて生産を減らすことでしょう。消費が減り、生産が減れば、企業の売上と利益が減り、所得も減ります。所得が減れば、中国企業、中国人は、投資も消費も控えることになるでしょう。そうなると、当然輸入も減っていくことでしょう〉

中国経済は負のスパイラルに陥っているようです。

続いて北野氏は、人民元安と資本流失が深刻であるとして、二〇一六年一〇月一五日付「夕刊フジ」の記事を引用しています。

〈中国の通貨、人民元の下落が止まらない。一〇月から国際通貨基金（ＩＭＦ）の特別引き出し権（ＳＤＲ）の構成通貨に正式採用されたが、約六年ぶりの安値水準まで売り込まれた〉

〈人民元は「国慶節」の連休明けの一〇日から続落し、一一日には一時一ドル＝六・七一四八元と、二〇一〇年九月以来の元安水準になった。米国の利上げ観測やドル高も元売りに拍車をかけた。

ブルームバーグによると、八月の公式統計では、人民元決済を通じ二七七億ドル（約二兆八七〇〇億円）が中国から流出した〉

さらに「週刊東洋経済」の元編集長、勝又壽良《かつまたひさよし》氏のコメントも紹介しています。

〈ＳＤＲ採用を決めた当のＩＭＦが、中国の債務水準に警告を発しているうえ、国際決済銀行（ＢＩＳ）は三年以内に中国で金融危機が起こる危険性があり、米国のサブプライムローン危機やアジア通貨危機の前より厳しい状況だと警告している。元売りや資本流出は避けられない〉

そして、こう結論づけています。

〈「中国、あるいは欧州（特にドイツ）から次の危機が起こる」というのは、世界的コンセンサスになりつつあります。パニくる必要はありませんが、心の準備と、できる対策はしておきましょう〉

日本には、いまだに中国市場に期待を寄せる企業があるようですが、中国の経済は、その期待に応えられるような状況ではないということだけは確実です。

常に二割も水増ししていた大連市

中国のＧＤＰに関するおかしな話は他にもあります。中国では、各省の省内総生産を合計すると国内総生産を上回ることが常態化しているのです。なぜこのようなことが起きるかといえば、各省が数字を水増しして報告するからです。

二〇一五年一二月一三日付「サーチナ」の記事では、中国・東北地方の数字の水増しはひどい状況だと説明、吉林《きつりん》省人民代表大会財政経済委員会の主任・趙振起《ちょうしんき》氏のコメントを紹介しています。

〈二〇一〇年末における第一汽車集団の資産総額は一七二五億元（約二兆三八一億円）。ところが吉林省の投資総額は毎年、一兆元を超える〉

ちなみに第一汽車集団は中国三大自動車メーカーの一つで、本社は吉林省にありますが、そんな巨大企業の総資産の約六倍を、省政府が毎年、投資できるはずがありません。しかしこうした虚偽の投資総額も、当然、GDPにカウントされることになります。

また同記事によれば、いままで発表されてきた経済成長率に基づいて計算すると、経済規模が香港を上回る県もあったとのこと。しかし中国の県は市の下に位置する行政区分です。それが香港のGDPを超える経済規模になることなどあり得ません。やはり中国各地で水増し報告が常態化しているということです。

その一例として、遼寧省大連《だいれん》市を挙げています。

〈遼寧省大連市は二〇一五年第一四半期（一—三月）の工業生産額が前年同期比二九・九％減と極端に落ち込んだ。同市「経済と情報化委員会」の于徳虎《うとくこ》副主任は、実際には五％減にとどまっていたと述べた。査察の結果、経済統計の手法として「認められない」とされた部分を排除して計算したための落ち込みが二〇％分以上あった〉

つまり、それまでは常に二〇％水増しした数字を発表していた、ということです。

では、なぜ水増しが行われているのか？　記事では、その理由を、以下の通り分析しています。

〈中国における経済統計の「水増し」は、県や市などで深刻とされる。中国の地方行政単位は国のすぐ下が省、省の下が市、市の下が県と分かれて行くが、県の指導者は市の指導者に評価されねば出世が難しく、市の指導者は省の指導者の評価を欲するからとされる。

そのため、評価されるために経済統計の「水増し」を行う〝誘惑〟を強く受けるという〉

要するに、中国の役人は、自分の出世のために水増しをしているということです。自分が働く地域のために懸命かつ実直に働いている役人など、中国には一人もいないのかもしれません。

まずは賄賂《わいろ》がもらえる立場まで出世して不正な方法でお金を稼ぎ、いずれ他国へと移住する——中央省庁と地方行政とを問わず、そのような夢を描いて日々の仕事に取り組んでいる小役人ばかりのようです。自分の街、あるいは国の未来がどうなるかなんて、知ったことではないのでしょう。

いかにも中国らしい話だとは思いますが、中華思想でＧＤＰを操作することはできても、人間の本心まで変えることはできないということです。

省経済の成長こそが自身の出世に

この遼寧省での経済統計の水増しについて、「日本経済新聞」は以下のように報じています。

〈中国で最も景気が悪い遼寧省で、二〇一一～一四年に経済統計を水増ししていたことが一七日、明らかになった。同日開かれた同省の人民代表大会（省人代、地方議会に相当）で、陳《ちん》求《きゅう》発《はつ》省長が認めた。地域経済の成長が鈍化するなか、複数の地域で税収を実際よりも多く見せかけていたという〉

〈遼寧省は主力産業は鉄鋼などの重工業だが、中国経済の減速によるインフラ需要の低迷を受けて景気が低迷。一六年一～九月はＧＤＰがマイナス成長に陥った。地方官僚にとって、省経済の成長は自身の出世に直結する〉（二〇一七年一月一七日付「日本経済新聞」）

これを受けて、まずは習近平国家主席が三月七日、遼寧省の一件に意見を述べました。同日の「日本経済新聞」が以下のように報じています。

〈（習氏は）経済統計の水増しが明らかになった遼寧省の全人代分科会に出席し「こうした気風を助長してはならず、断固として止めなければならない」と述べた〉

すると同年六月に「統計法」の施行が決まりました。経済統計の水増しを厳罰に処するための法律です。「産経新聞」では以下のように報じています。

〈中国国務院（政府）は八月一日付で「統計法」実施条例を施行する。国内総生産（GDP）などの経済指標をめぐる水増しやデータ改竄《かいざん》を厳罰処分し、信頼の回復をめざすという。地方政府の幹部らが人事考課アピールのため、統計数字を操作する例が後を絶たず、二月には張高麗《ちょうこうれい》副首相が国家統計局に対し、「統計の信頼性を高める必要があり、操作に関わった人物は処分される」と警告していた〉

〈三一ある省クラスの地方政府が個別公表したデータの合算が、国家統計局が発表ずみのGDPの総額を二兆七五五九億元（約四五兆円）も超過する事態となった。国内一一位の上海市ひとつ分が〝水増し〟された計算。「いわば国家ぐるみの〝粉飾決算〟」（市場関係者）との指摘がある〉（二〇一七年六月二六日付「産経新聞」）

ひょっとしたら、遼寧省以外の省でも、水増しが明らかになったのかもしれません。とにかく深刻な状況にあることは間違いないでしょう。

記事によれば、この法律では、〈国家統計局に直結する「統計執法監督局」を設置し、データが地方政府幹部などに操作されないよう、指揮系統を見直して下位の統計当局を一元管理する。また、統計のデータが事前に漏洩《ろうえい》した場合の罰則も盛り込んだ〉としています。

しかし、中国の各省にこの法律を遵守《じゅんしゅ》する役人がいるとは思えません。中国人は、「上に政策あれば下に対策あり」というイタチごっこを、何千年も繰り返してきた人々だからです。恐らく、上からの命令を真面目に遵守する人よりも、巧妙に水増しを続ける人のほうが出世する結果になるのでしょう。

ソ連型経済の唐突な終焉を中国も

このような中国では、その経済崩壊が叫ばれて久しいですが、いまのところハードランディングは起きていません。今後どうなっていくのでしょうか。とても楽観視できる状況ではないということは明らかです。

しかし、中国の政府や役人、あるいは指導者はそれを認めず、アメリカを凌駕《りょうが》するなどと威勢のいいことばかりいっている……偉い人ほど、不正や賄賂《わいろ》で蓄えてきた資産の海外への持ち出しなど、個人的な対策が終わっている、ということなのでしょうか。

上念司氏は、前述の著書『習近平が隠す本当は世界3位の中国経済』で、「ソ連と同じ運命をたどる中国」として、経済学者の福田《ふくだ》亘《わたる》氏のソ連崩壊に関する以下の発言を引用しています。

〈権力批判を封じた独裁型全体主義国家の情報管理がいかに徹底していたかを物語るものであるが、そのことは同時にまた一度確立された独裁体制はよほどのことがない限り、簡単には崩れそうにない堅牢性によって特徴づけられるということをも意味している。（中略）もっとも、強権体制のこのような硬構造体質は矛盾や対立が深刻さを増せば容易に体制の脆《ぜい》弱性《じゃくせい》に転化しうるわけで、ソ連型経済の一見唐突な終焉《しゅうえん》はこの脆弱性の現れでもあることを付け加えておくべきであろう〉

そして上念氏は、この指摘は現代の中国にも当てはまるとして、以下のようにいっています。

〈中国経済は頭打ちになり、多くの戦略研究家が想定していた前提が崩れ去りました。共産党の内部対立も激化し、アメリカには対中強硬派で固めたトランプ政権が誕生しています。私には、中華人民共和国は、ソ連と同じ運命をたどる可能性が高いと思えて仕方がありません〉

普通に考えれば、中国はすでに崩壊していてもおかしくない状況です。現在は、数字をごまかして延命しているだけなのかもしれません。北朝鮮のように偽ドル札を刷ったり、サイバー空間でハッキングを行って他人の預貯金や仮想通貨の窃盗に手を染めている可能性も否定はできません。

中国の制裁で倒れる韓国財閥企業

経済状況が深刻なのは中国だけでなく、韓国も同様です。サムスンのスマートフォン「ギャラクシーノート7《セブン》」やLGのバッテリーなどの発火により、韓国製品は徐々に世界からの信用を失っています。

現代自動車などの製造業では、ストライキが相次いでいます。また、韓国海運最大手の韓進海運は、二〇一六年八月に経営破綻しました。

さらに韓国ロッテグループの会長、重光昭夫《しげみつあきお》（韓国名・辛東彬《シンドンビン》）氏が横領や背任などの罪に問われ、二〇一七年一二月に懲役一年八ヵ月、執行猶予二年の有罪判決が言い渡されるという事件まで起き、同グループも揺れに揺れています。韓国経済を牽引してきた巨大財閥企業が次々と倒れている状況なのです。

加えてTHAADの韓国配備を理由に、最大の輸出先である中国から経済制裁を受けています。これは制裁としてだけではなく、中国が自国産業を育成するための政策だという情報もあります。中国企業は造船や鉄鋼などでシェアを伸ばすと同時に、スマホ市場でもサムスンを抜いたという報道もありました。自動車も同様で、中国の長安汽車や長城汽車の業績が伸びる一方で、現代自動車の業績は低下しているのです。

やはり中国としては、格下の韓国から輸入してばかりの状況が面白くなかったのかもしれません。いや、属国である韓国の産業を、そのまま奪ってしまうつもりではないでしょうか。中国共産党から、「サムスンは、もう中国国内で販売するな」という命令が出れば、ジ・エンド……それがチャイナリスクです。

一方の韓国も、相手が日本だとやたらと騒ぎ立てますが、中国だと途端に大人しくなります。韓国の大きな産業だったスマホも自動車も中国に奪われていく現状を前に、指をくわえて見ていることしかできないのです。中華思想における属国の悲哀を感じます。韓国は国家の米櫃《こめびつ》まで譲り渡してもいいのでしょうか。

経済崩壊で日本に泣きつく韓国

二〇一六年八月二七日、ソウルで、日本と韓国の財務担当閣僚らが出席した第七回日韓財務対話が行われました。この際、韓国側からは日韓通貨交換（スワップ）協定の再開が提案されました。

この協定は、外国為替市場での円やウォンの暴落に備えるための取り決めです。もしどちらかの通貨が暴落した際には、ドルなどを融通し、自国通貨を買い支えるのが目的です。日韓間では二〇〇一年に協定が結ばれましたが、二〇一五年二月に打ち切られ、慰安婦問題などをめぐる日韓関係の悪化から、現在に至るまで再開されていません。

そのため、第七回日韓財務対話での大きな議題は、この協定の復活でした。ニュースサイト「ハフポスト」は、韓国側の思惑について、以下のように分析しています。

〈中国経済に大きく依存している韓国にとって、中国の景気減速は最大のリスク。韓国の輸出は全体でも一九ヵ月連続で減少しているが、なかでもきついのは対中輸出の落ち込みだ。中国の減速は一蓮托生《いちれんたくしょう》どころか、ダメージが「倍返し」「三倍返し」で増幅されかねない。

韓国の金融・株式市場からの外国資金の流出に脆《もろ》い体質は変わっていない。いざという時の備え（外貨準備）が心もとないから、日本の懐《ふところ》を当てにしだしたのだ〉（二〇一六年九月一日付）

要は、韓国経済は以前ほどよくない。そこで日韓スワップ協定に目を付けた。この協定は韓国側の反日感情が激化したことによって打ち切られたわけですが、自分たちの経済状況が悪くなったため、それを再開しろというのです。

図々しい話ですが、彼らは自分たちの図々しさに気づいていないような気がします。何度も約束を破っておきながら、苦しくなると助けを求めることを、恥だとすら思っていない……これもまた、小中華思想がなせる業《わざ》でしょう。

この記事では、韓国経済の状況を細かく解説しています。まずは貿易に関する解説です。

〈中国は韓国にとり貿易総額で第一位の貿易相手国。二〇〇三年に対日貿易額を、二〇〇四年に対米貿易額を上回り、二〇一五年は約二二七四億ドルで、韓国の貿易額全体の約二五％

を占める〉

〈その対中輸出が二〇一六年七月まで一三ヵ月連続減と、不振を極めているのだ。七月の対中輸出額を見ても前年同月比九・四%減の一〇一億ドル強と、二ケタ近い減少となっている〉

対中輸出が激減したことについては、以下の理由を挙げています。

〈単に中国景気が減速しているばかりではない。韓国製品がソッポを向かれている〉

要は電子製品や部品、あるいは食品も、韓国製のものは中国でさえ信用を失い、または飽きられたということでしょう。こうして韓国経済は、大打撃を受け始めました。

このような韓国では、深刻な資本流出にも直面しているようです。記事は以下のように続きます。

〈韓国経済の悪化を懸念した資本流出が心配になってきた。足元の資金繰りが不安になってきた〉

……だから日本に目を向けたというわけです。

しかし、韓国に善意をもって接しても、日本に何もメリットがないことは、歴史が証明しています。日本は静観していればよい。韓国側が頭を下げてくるまで待てばよいのです。

もちろん、タダで日韓スワップ協定を再開するわけにはいきません。竹島の返還、あるいは慰安婦問題での嘘を認めさせる、そのくらいのことを要求すべきではないでしょうか。

小中華思想や儒教に囚われた韓国人です。日本を見下した態度で反日教育を続けるのであれば、勝手に破滅してくださいと突き放すべきです。日本は強気の対応をしなければ、また利用されて終わるだけです。

韓国と交渉するときは、交渉決裂も辞さないという大前提で、日本側の要求を叩きつけることが重要。「いい人と思われたい」などと考えてはダメです。

中国バブルの清算には一〇〇年が

ここまで述べてきたように問題だらけの中国と韓国の経済ですが、やはり中国経済の問題の深刻さは、その規模が違います。私が最も驚いたのは、中国国内に点在する「鬼城《グイチャン》」と呼ばれるゴーストタウンの存在です。

そもそも、なぜ「鬼城」ができたのか？　二〇〇八年のリーマンショックから巻き起こった世界金融危機がきっかけのようです。この金融危機の影響を回避するため、中国は国内の不動産市場の活性化を目指したのです。

すると瞬く間に、中国の不動産は高騰期に突入しました。地方の共産党員は不動産開発業者と手を組み、日本円で、なんと約二〇〇〇兆円分もの投資を行いました。ただこれは、地方政府債券の発行という、いってみれば「架空」のお金で行われたのです。

それで地方のインフラ整備を行い、住居を建設するなど開発を推し進めたのです。できあがった住居などは不動産デベロッパーに売却し、それにより自分の地域の総生産額を引き上げようとしました。それが地方の役人の出世に繋がるからです。

中国国内には、不動産以外に目立った投資先がありません。だからこそ不動産に投機マネーが集中したのです。こうして不動産バブルが起きてしまいました……不動産価格は約一〇年のあいだに一〇倍に達したというから驚きです。

すると、また別の問題が勃発《ぼっぱつ》しました。新たに不動産を開発したり、借入金の利息を支払う資金が確保できなくなってしまったのです。

地方の共産党員や開発業者は、地方政府債券や銀行からの融資を不動産の開発資金に充《あ》てていました。しかし、不動産バブルを懸念した中国政府が金融引き締め政策に転じたのです。

二〇一〇年頃には、銀行からの融資が受けづらくなりました。

こうして登場するのがシャドーバンキングです。シャドーバンキングとは、投資銀行やヘッジファンドなど、銀行以外の金融機関から資金を供給する仕組みです。金融当局による規制を受けずにリスクの高い金融商品に投資し、その損失を隠蔽《いんぺい》するのも難しくありません。

開発は、地方政府傘下の投資会社が投資家から集めた資金を融資するシャドーバンキングから受けるかたちで継続されました。その融資額は、分かっているだけでも、三二〇兆円に達するとされます――。

しかし開発計画は、非常に杜撰《ずさん》なものでした。住宅の需給バランスなど何も考えず、とにかく闇雲に開発を進めたのです。その結果、天津市や杭州市など、中国全土に「鬼城」と呼ばれるゴーストタウンが誕生することになったというわけです。

この「鬼城」の数は、中国国内に二〇〇ヵ所、一億戸を超えるとされます。なかには開発の途中で事業が中止された場所もあります。当然、これらの建物には不動産価値などありません。

それならば、いますぐ全部の開発を止めてしまえばいいのですが、そう簡単な話ではありません。開発を止めると、国内の労働者が、仕事を失うことになるからです。

すでに述べた通り、中国はアフリカの開発事業を担うことで、自国民の雇用を確保しています。とはいえ、それだけですべての人々が仕事にありつけるわけではありません。やはり中国国内にも仕事を作り出さなければならないのです。

だからこそ、誰も住まないということが分かっていても、不動産開発を続けなくてはならず、地方政府や開発業者は多額の負債を抱えることになります。それでも止めることができないというのは、どう考えても異常です。史上最大の自転車操業といえるでしょう。

この自転車の前輪のタイヤ径は一四億インチといったところでしょうか。巨大なジャイロ効果が発生しているので、何年間もフラフラしつつ、まだ倒れていません。しかし、もはや時間の問題です。

これが中華思想を下敷きに突き進む中国経済の実態なのです。ノーベル経済学賞を受賞した経済学者のポール・クルーグマン氏は、「中国のバブル経済を清算するには一〇〇年かかる」と喝破《かっぱ》しています。とすれば、日本の「失われた二〇年」の五倍の時間がかかる、ということです。

第六章　歴史は中華思想で書き換えるもの

歴史を改竄してしまう中韓の教育

中国人は、自分たちが世界の中心であるという中華思想を抱き、韓国人は、自分たちが中国に追随するナンバー2《ツー》の国家であるという小中華思想を抱いています。そのため、日本のように下位と定めた国よりも優位に立つためなら、歴史の改竄《かいざん》など朝飯前です。

彼らは最初から史実に興味がありません。中国と韓国、そして北朝鮮もそうですが、彼らにとっての歴史とは、過去に何が起きたかなど重要ではなく、いかに自分たちが正統性を受け継いでおり、優れた存在であるのか、それを示すために利用するものなのです。

特に韓国は、その傾向が強いようです。大昔から中国王朝の属国として歩んできた韓国には、誇るべき歴史も誇るべき偉人も見つけられないため、民族の誇りを維持するためには、歴史をでっち上げる以外に方法がないのです。

そして、でっち上げる際には、必ず日本を巻き込みます。たとえばこうです。帝国主義の日本が朝鮮半島を侵略した……しかし韓国の独立軍が勇敢に戦った……そして憎き日本軍を追い出して独立を勝ち取った……こんな史実とはまったく違うストーリーを作り上げ、幼少期から教え込んでいるのです。

「青山里《チョンサンリ》大捷」はその代表例です。「青山里大捷」とは、一九二〇年、当時の満州にいた日本兵が朝鮮人の襲撃を受け、数十名が死傷した事件です。日本兵が犠牲になったのですから大きな事件であることは間違いありません。規模からいってもテロ事件と呼ぶにふさわしいでしょう。

この事件を、しかし韓国では、「独立軍」が日本軍に戦争を仕掛け、三三〇〇人もの日本兵を倒し大勝利した、と教えているのです。韓国ではこのようなデタラメな歴史を教え、子供たちに民族としてのアイデンティティを与えているというわけです。

もちろん歴史的事実の解釈は、国によって違うものです。たとえば「アメリカ独立戦争」の解釈は、アメリカとイギリスではまったく違います。教育の現場でも、子供たちへの教え方が異なります。

とはいえ、それはあくまでも一つの事実に対する解釈の違いであり、事実を一八〇度歪《ゆが》めたり、事実とは完全に違うことを作り上げたり、あるいは相手国を貶《おとし》めるようなことを子供たちに教えているわけではありません。

ところが韓国の場合はそうではない……完全に日本を悪者にして、日本を貶める教育をしているのです。

それは歴史との正しい向き合い方ではないと思いますが、憐《あわ》れにもそれが何百年も続けられてきたので、韓国人にとっては、もはや伝統の一部なのかもしれません。

ソウルの反日施設を訪ねてみると

では具体的に、韓国ではどのような教育が行われているのでしょうか。韓国内には歴史館という名の反日施設が点在しています。そして子供たちをそうした反日施設に連れていき、「かつて日本人は朝鮮半島でひどいことをした」と教えているのです。

そこで私は、反日施設を自分の目で調査したいと考えて、二〇一七年五月にソウルを訪れました。ソウルには、子供たちが学校の社会科見学などで必ず訪れるという西大門《ソデムン》刑務所歴史館と安重根《アンジュングン》義士記念館があります。この二つの反日施設でどのような展示がされているのか、実際に見て回りました。

まずは西大門刑務所歴史館です。そもそも西大門刑務所は、日韓併合の二年前（一九〇八年）、日本によって建てられた刑務所です。朝鮮半島で初めてできた近代的な刑務所だったそうです。当然、犯罪者を収容する刑務所だったのですが、韓国の観光事業の開発を行う「韓国観光公社」のウェブサイトを見ると、西大門刑務所は以下のように紹介されています。

〈大韓帝国末期に建てられた日帝強占期の代表的な弾圧機関として、数多くの韓国独立烈士たちがこの監獄に閉じ込められ拷問を受け亡くなったという歴史のある場所です〉

この短い一文には、二ヵ所のツッコミどころがあります。一つは「日帝強占期」という言葉です。これは韓国で当たり前のように使われている言葉で、正式には「日帝強制占領期」といいます。しかし、日韓併合は韓国側の要望があり、両国の合意のもとでなされたものです。ですから、「強制占領期」という呼び名は史実とは異なります。

もう一ヵ所は「弾圧機関」の部分です。前述した通り、この刑務所は犯罪者を収容するために建てられた近代的な刑務所でした。韓国人のいう「独立烈士」とは、正確にいえば国家の敵たるテロリストなので、そうした人物を捕らえたことはあったのかもしれません。しかし、それはテロを起こしたから逮捕したのであり、弾圧ではありません。それにもかかわらず、現在の韓国では「刑務所内で日本人看守による拷問が行われていた」と教えられています。

実際、この歴史館では、蠟人形《ろうにんぎょう》を使って拷問の場面を再現しています。しかし、日韓併合直後に、日本は李氏朝鮮時代の悪政の象徴ともいえる拷問文化を廃止したという歴史的事実があります。

日韓併合以前の朝鮮では、「凌遅刑《りょうちけい》」が行われていました。「凌遅刑」とは、生きている人間の肉を少しずつ切り取って、長時間にわたって苦しみを与えながら殺していく処刑方法です。日本人は朝鮮半島の残虐な拷問文化に驚きました。だからこそ廃止したのです。

しかし現在の韓国では、そのような史実は完全に伏せられ、歴史館では日本人刑務官が行ったとされる拷問について、蠟人形やパネル、さらには実際に使ったとされる拷問器具まで展示して解説しているのです。そして子供たちは、ガイドの説明を受けながら展示物を見て回ります。

しかし、子供にはあまりにもショッキングな展示です。涙を流している女の子もいました。きっと日本に対する怒りを感じていたことでしょう。こうやって反日精神が育っていくのだと思うと、背筋が寒くなりました。

属国ゆえに誇るべき史実のない国

それから私は、安重根義士記念館にも行きました。

安重根は日韓併合に反対していた人物で、当時の満州国ハルビン市（現・中華人民共和国黒竜江省《こくりゅうこう》ハルビン市）で伊藤博文《いとうひろぶみ》を暗殺したテロリストです。日韓併合に反対していた伊藤博文を暗殺し、それが理由で日韓併合が決定的になったという話もありますから、ずいぶん間抜けなテロリストですが、そのような人物を崇《あが》めているのが安重根義士記念館なのです。

前述の通り、中国の属国だった韓国には、誇るべき歴史や偉人がありません。だからといって、外国の要人を勘違いで暗殺したテロリストを崇めるというのは、いかがなものでしょうか。もっとも、日韓併合で韓国は近代化を果たしました。それに貢献した人物という意味で安重根を崇めるというのなら、一応、筋は通っていますが……。

韓国の反日施設は他にもあります。最も有名なのは天安市《チョナン》の独立記念館です。アメリカのフィラデルフィアにも同名の記念館がありますが、特徴はまったく違うようです。両施設とも「独立」をテーマにした施設なのですが、アメリカは史実をもとにアメリカの独立を讃《たた》えているのに対して、韓国は嘘の歴史をもとに独立を讃えています。加えて韓国の独立記念館は、反日的要素が色濃い施設なのです。

独立記念館は約四〇〇万平方メートルの広大な敷地に、七つの展示館と「同胞の塔」という巨大オブジェが設置された大きな施設です。展示館では、朝鮮民族の誕生から現在までの歴史の歩みを、資料や写真、そして模型や蠟人形を使って解説しています。当然、それらの解説は韓国国内でしか通用しないデタラメなものばかりです。

たとえば館内には、「日本軍と戦い勝利した韓国軍」のジオラマまであります。「日本軍と戦い勝利した韓国軍」とは何でしょうか。そう、実在しなかった戦争での、実在しなかった軍隊の功績を讃えているのです。意味が分かりません。

また施設には「八一五本」もの太極旗《たいきょくき》が掲げられています。日本が敗戦した一九四五年八月一五日は、韓国では光復節《こうふくせつ》と呼ばれ、「独立を勝ち取った日」とされています。その八月一五日にあやかって、八一五本の国旗を掲揚しているというわけです。しかし、日本国籍だった自分たちの先祖の多くが、敗戦の事実に悔し涙を流した日を、嘘に基づいてお祝いの日へと変えてしまうとは、まるでカルト宗教のようです。

そして韓国の子供たちは、こんなデタラメな施設に社会科見学などと称して連れていかれるのです。いくら若者が「漢字ハングル交じり文」で書かれた昔の史料を読めないからといって、「正しいのは地動説ではなく天動説だ」と言い張るような教育を施すことに罪悪感はないのかと憤《いきどお》りました。

以上の施設ではすべて、「韓国人が戦って独立を勝ち取った」という嘘の歴史を教えています。それだけでなく、統治時代に日本人はどれほどひどいことをしたのか、それを解説しています。子供たちに反日思想を植え付けるための施設だといっていいでしょう。

しかし、これらの施設を見学した子供たちは、そもそも韓国を誇りに思うのでしょうか。

本当は、日韓併合時代に帝国軍人となった朝鮮人兵士のなかには、英雄と呼べる人物が何人もいるのですが、この事実は絶対的なタブーなのです。それに代わる捏造《ねつぞう》の歴史がないと、自らの民族のアイデンティティを確立できない点については、心から憐《あわ》れみを感じています。

過酷な受験戦争に見る中華思想

朝鮮半島の国では、日本が統治する以前の李氏朝鮮の時代まで、厳しい身分制度が敷かれていました。王族とその縁戚である貴族、そして特権階級たる両班《ヤンバン》が支配階層です。両班とは特権的な官僚の身分で、唐や宋の官僚制度を模倣して作られました。これも小中華思想の賜物《たまもの》です。彼らは官位や官職を世襲し独占したうえに、様々な特権を享受《きょうじゅ》していました。

そして、その下には中人、さらにその下には常民と呼ばれる人がおり、そのまた下に七賤《しちせん》と呼ばれる商人、船夫、獄卒、逓夫《ていふ》、僧侶、白丁《はくてい》、巫女《みこ》と呼ばれる奴隷のような人々がいました。要は貴族・両班という一部の特権階級が朝鮮を支配しており、その他の人はゴミか虫けらのような扱いを受けていたということです。

この構図は現代の韓国にも受け継がれているようです。現代の韓国で貴族や両班に当たるのは、ソウル大学を筆頭とする一流大学を卒業して、サムスンや現代自動車などの財閥企業に勤める人々です。ですから韓国では、この特権階級の仲間入りをしようと激しい受験戦争を繰り広げているのです。そのため、韓国の大卒者の比率は異常な高さになっています。

韓国紙「中央日報」は以下の通り報じています。

〈韓国は二五～三四歳の青年層の大学教育履修率が二〇一一年基準で六四％と、経済協力開発機構（ＯＥＣＤ）加盟三四ヵ国で最も高い。英国の四七％、フランス・米国の四三％、ドイツの二八％など、ほとんどの先進国を大きく上回る〉（二〇一四年三月五日付「中央日報」）

ちなみに日本の大学進学率は二〇一五年度のデータでは五四・四％です。この数字ですら高過ぎるという声があるのだから、韓国の六四％は異常な高さです。

では、大学を出た韓国の青年層がみんな財閥企業に就職をしているのかといえば、当然そんなことはありません。韓国では大卒者の就職率が極めて低いのです。同じ記事では、以下のように指摘しています。

〈該当年齢層の大卒者の就職率は七五％で最下位だ。最も高いオランダの九二％はもちろん、メキシコ（七八％）やトルコ（七七％）、チリ（七六％）にも劣る〉

つまり、大学卒業者の四人に一人は就職していないわけです。その理由は簡単で、大卒者のプライドが就職の妨《さまた》げになっているからです。受験戦争を勝ち抜いて大学に行った人は、高卒者などに比べると、職業に対するプライドが高い。分かりやすくいえば、大卒者は、手が汚れるような仕事には就こうとしないのです。

そもそも李氏朝鮮時代の両班は、働かないこと、箸《はし》と本より重いものは持たないことを自慢していました。その風潮がいまも根強く残っているのでしょう。そのため韓国社会は、極めて歪《いびつ》なかたちになっているのです。

両班のように、一流大学を出て財閥企業に就職できた人も、定年になるまで特権階級としての生活を送ることができるかといえば、四〇代前半ですら肩たたきに遭うそうです。そして就職できなかった人は、社会人一年目から敗者としての人生を歩むことになります。それこそ「恨《ハン》」の気持ちを一生抱き続けることでしょう。そのような歪《ゆが》んだ社会に生きる韓国人が幸せだとは、どうしても思えません。

社会性は教えない中国の小学校

中国でもまた、人民のあいだで激しい競争が繰り広げられています。

都市部では幼少の頃から猛勉強を強いられている子供も少なくありません。それも日本の子供たちよりも難易度の高い勉強をしているといいます。

ただし、これが必ずしもよい影響を与えているわけではないようです。二〇一七年二月二二日付の「サーチナ」では、中国「今日頭条」の記事を以下のように紹介しています。

〈日本の初等教育は内容こそ中国より簡単だが、中国では教えていないことを教えている〉

〈日本の初等教育は中国をはるかに超越している〉

その記事では、日本の初等教育には中国より「ゆとり」や「余裕」があると解説したうえで、以下のように指摘しています。

〈日本の子どもたちは初等教育を通じて「規律」や「他人との付き合い方」を学ぶ〉

その一例としては集団登校を挙げ、子供たちは責任感や集団行動の精神を学んでいる、としします。また、子供たちは給食で食育を学び、好き嫌いをせずに食べ、「いただきます」「ごちそうさまでした」というルールを通じてマナーを学んでいる、と解説しています。

「今日頭条」では、別の記事でも日本の給食を取り上げており、同年五月二四日の「サーチナ」が以下のように紹介しています。

〈学校でただ食事が提供されることではなく、給食の時間も子どもたちにとっての教育の場として用いられていることであり、「日本の教育で学生たちが高い素養を示して、感心せざるを得ない」としている。たとえば、日本では食事の配膳を子どもたちが自ら行い、後片付けまで出来るように当番制で運営されていることが中国人からすれば驚愕《きょうがく》の光景に映るようだ〉

幼少時から勉強を教え知識を与えることも大切なことです。しかし、それ以上に大切なことがあります。もちろん、中華思想などではありません。記事にもある通り、規律や責任感、そして食べ物に対する感謝の心を教えることが大切だと私は思います。

日本の学校には、国旗や国歌に敬意を表さない教師がいるのも事実です。そのような教師によって自虐的な歴史教育がなされているケースも少なくないでしょう。その点は改善しなければなりません。ただ日本の学校には、集団登校や給食、あるいは掃除の時間などを通じて子供たちの精神を養うという、中国人ですら認めざるを得ないほど素晴らしいシステムがあることも事実なのです。

慰安婦問題にも横槍を入れる中国

さてアメリカでは、慰安婦像や記念碑の設置が相次いでいます。

二〇一〇年、ニュージャージー州パリセイズパーク市の公立図書館に「日本軍によって拉《ら》致《ち》された二〇万人以上の女性」と書かれた記念碑が設置されたのを皮切りに、カリフォルニア州グレンデール市とジョージア州ブルックヘブン市の公園に慰安婦像が設置されました。そして二〇一七年一一月には、サンフランシスコの中華街にあるセント・メリーズ公園にも像が設置されたのです。

アメリカ国内で慰安婦像の設置運動をしているのは、「世界抗日戦争史実維護連合会（抗日連合会）」という団体です。同団体は反日ロビー活動を目的に結成された中国系アメリカ人団体なのです。つまり、アメリカにおける慰安婦像の設置運動は、韓国人や韓国系アメリカ人の団体が主導しているのではなく、中国人や中国系アメリカ人の団体が行っているというわけです。韓国人は中国人に利用されているに過ぎません。

サンフランシスコは中国系の住民が極めて多いエリアです。そのチャイナ・タウンは誰もが知る存在です。よって、慰安婦像設置のために抗日連合会が暗躍したことは想像に難くありません。

また、慰安婦像の設置が決まった当時、市長は中国系アメリカ人のエドウィン・M・リー氏でした。リー氏は二〇一六年一二月にソウルの名誉市民に選ばれており、サンフランシスコはソウルと姉妹都市提携をしています(リー氏は慰安婦像設置から約一ヵ月後の二〇一七年一二月に急死していますが)。

慰安婦問題に言及しているのはアメリカにいる中国人だけではありません。中国政府も横《よこ》槍《やり》を入れてきているのです。

韓国では、二〇一一年一二月にソウルの日本大使館前に像が設置されて以降、釜山《プサン》の日本総領事館前の他、あちこちに像が設置されている状況です。こうした問題が深刻化していることに対し、二〇一七年一月、なぜか中国外交部が日本に反省を促してきたのです。

「産経新聞」は以下の通り報じています。

〈中国外務省の陸慷《りくこう》報道官は九日の記者会見で、韓国・釜山の日本総領事館前に設置された慰安婦像が外交問題に発展したことに関し、「これは韓国と日本の間の紛争である」と指摘しながらも、「慰安婦問題は第二次大戦で日本軍国主義が犯した重大な人道に対する罪であり、確かに日本側には深く反省する必要がある」と主張し、韓国側の慰安婦像設置に理解を示した〉（二〇一七年一月一〇日付「産経新聞」）

なぜ中国が、日本にこのような内政干渉をしてくるのか。日本はひどい国であることを国連などで喧伝《けんでん》し、慰安婦像を設置し、謝罪や賠償を求めることで、アメリカ人をはじめとする世界中の人々が日本人に不信感を抱き、日本を嫌いになることを狙っているのです。

これは、太平洋戦争の前にも中国国民党がアメリカ国内で行った戦略であり、アメリカ人は「日本人は一〇〇〇年前から戦争ばかりやっている乱暴で残虐な民族」だと思い込まされました。中国人には、日本を謀略で陥れてアメリカに破壊させた成功体験があるのです。

そして現在、中国が日本を自らの支配下に置くために、もっとも邪魔なのは在日米軍基地と日米安全保障条約の存在です。ですから中国は、強固な日米関係を突き崩せるのであれば、どのような手段でもとります。

しかし世界を見渡せば、諸国民から信頼と好感を得ているのは日本です。実際、二〇〇八年にイギリスのBBC放送が行った国際世論調査の結果では、「世界に良い影響を与えている国」として、日本とドイツがそれぞれ五六％で第一位となりました。この時点で日本は、三年連続の一位となりました。

中華思想に支配された中国からすると、本来、下位にあるはずの日本が自分たちより高い評価を得ているのも面白くないのでしょう。だから韓国と結託して、歴史問題で日本を責め立てるわけです。彼らの反日的な言動の裏には、やはり中華思想があるようです。

続発する戦時徴用裁判の裏側

日韓の歴史において、一九六五年の日韓基本条約は、非常に重要なものです。

この条約の締結により、両国間で、賠償金請求権の完全かつ最終的な解決が確認されました。そのため、日韓両国が抱える問題は、竹島の領土問題だけのはずなのです。

もちろん、竹島は日本の領土です。韓国側もそれは分かっているはずです。だからこそ、竹島に関する議論や、国際司法裁判所での係争は避けたいのです。

慰安婦問題は、議論が竹島に向かわないようにするために利用している面があるのかもしれません。

とにかく竹島に関する議論を避けるため、過去のあらゆることを問題化し、ギャーギャーと騒いでいるようですが、戦時徴用をめぐる問題もその一つです。

韓国側は戦時徴用を「強制労働」だったとして、次々と訴訟を起こしています。たとえば戦争末期に三菱重工業の軍需工場などに動員されたという元朝鮮女子勤労挺身隊《ていしんたい》の韓国人女性と別の女性の遺族の二人は、同社に損害賠償を求めて訴訟を起こしました。すると二〇一七年八月、韓国の光州《クァンジュ》地裁は請求を認め、同社に約一億二三〇〇万ウォンの支払いを命じたのです。

韓国の通信社「聯合ニュース」によれば、韓国国内では、このような元徴用工が日本企業を相手に韓国で起こした訴訟は一四件にも上るそうです。

中国でも同様の訴訟が相次いでいます。戦時中に日本で労働を強いられたという元労働者が賠償を求めているのです。三菱マテリアル（旧三菱鉱業）は「痛切なる反省」を表明し、一人当たり約一七〇万円を支払うことで和解しました。

しかし、戦時徴用とは、法令（国民徴用令）に基づいて行われた勤労動員です。前述しましたが、戦時中、朝鮮半島は日本国に属し、朝鮮民族は全員が日本国籍の朝鮮系日本人でした。後に大統領となる李承晩も、日本国籍のパスポートを使って渡米しています。だから、朝鮮人徴用工は、日本国籍保有者の義務として動員されたに過ぎないのです。

さらにいえば、朝鮮半島に住む人は日本に住む人よりも優遇されていました。日本本土では男性は徴兵され、女学生は徴用されていたからです。当時の朝鮮にいた男性は、「同じ帝国臣民のはずが、朝鮮人は志願して難関を突破しなければ帝国軍人になれない。徴兵がないのは朝鮮人に対する差別だ！」と声を挙げていたといいます。

徴用工も、憧《あこが》れの日本に住めて高給が保障されるのですから、大人気でした。それがいまになって、「強制労働をさせられた」などと叫び、謝罪と補償まで求めている……ついには『軍艦島』などという映画まで製作しました。

この映画は、長崎県にある軍艦島を舞台に、強制労働をさせられていた朝鮮人が脱出を図るというフィクション映画です。二〇一七年に韓国で公開されたのですが、まるで事実をもとにした映画であるかのように謳《うた》われています。

このように、とにかく韓国は、あの手この手で日本を糾弾してきます。日本の国際社会での地位が揺らげば韓国としては嬉しい。世界中から愛される日本が、羨《うらや》ましくて憎くて仕方ないのです。まさに小中華思想と「恨《ハン》」の文化の相乗効果といえるでしょう。

中国・韓国は戦勝国なのか？

歴史を歪めて日本を糾弾している中国と韓国ですが、アメリカ人としてどうしても納得できないことがあります。それは両国とも戦勝国を名乗っていることです。

強い日本軍と死闘を繰り広げたアメリカやイギリスが戦勝国を名乗るのは当然です。しかし、なぜ終戦後に建国された中華人民共和国や、終戦時は日本だった大韓民国が戦勝国を名乗っているのか、まったく意味が分かりません。

中国は二〇一五年九月、「抗日戦争勝利七〇周年記念式典」を開催しました。その名の通り、戦争で日本に勝利して七〇周年を迎えたことを記念する式典で、大規模な閲兵式《えっぺいしき》（軍事パレード）を行ったのです。ロシアのウラジーミル・プーチン大統領や、韓国の朴槿恵大統領（当時）、それから韓国人の潘基文《パンギムン》・国連事務総長（当時）らが出席しました。

しかし前述の通り、終戦時には中華人民共和国など存在しなかったのです。それなのに「抗日戦争勝利七〇周年」とは何の冗談でしょうか。

当時、中国大陸で日本軍と戦っていたのは、蔣介石《しょうかいせき》率いる国民党（中華民国）であり、毛沢東の率いる八路軍（後の中国共産党）はもともと、国民党軍にちょっかいを出していただけの存在でした。八路軍の敵は日本軍ではなく、国民党軍だったのです。

にもかかわらず中国が戦勝国を名乗り始めたのは、国共内戦で国民党を破り、中国を支配したからです。その後、中華民国の立場を引き継ぐかたちで、中国は国連安保理常任理事国の座を得ました。

そして、節目としてはもっと重視されるべき「抗日戦争勝利五〇周年」や「六〇周年」の記念式典は記憶にないので、江沢民《こうたくみん》や胡錦濤《こきんとう》の時代には恐らくいっていなかったと思うのですが、いつの間にか中華人民共和国は厚かましくも、伝統芸の歴史改竄で「戦勝国」を名乗り始めたわけです。

一方の韓国は、なんと終戦直後から戦勝国を名乗っていました。日本に併合を求めた勢力ではなく、反政府運動を行ってアメリカに亡命した李承晩が初代大統領になったからでしょう。日韓併合時の朝鮮総督府ではなく、「大韓民国臨時政府」なる反政府組織を正統派の政府として定め、それが現在も受け継がれているというのが、韓国建国のタテマエなのです。

しかし韓国は、一九五一年のサンフランシスコ講和会議に参加できませんでした。連合国と日本とのあいだの戦争を終結させるために締結された平和条約ですから、もし韓国が戦勝国であれば、アメリカやイギリスとともに、その場にいたはずです。

この会議に韓国は参加できなかったのですが、考えてみれば当たり前の話です。韓国は日本と交戦しようにも、国も領土も国民も存在しなかったのですから。これは韓国が戦勝国ではないことの証拠です。

しかし、それで引き下がる韓国ではありません。「日本が強硬に反対したからサンフランシスコ講和会議に出席できなかったのだ」という、デタラメな主張をしています。本当に、どこまでも史実を無視する、ふざけた国です。

では、なぜ中国と韓国は、戦勝国にこだわっているのでしょうか。答えは簡単です。現在、国際ルールを決めている、つまり世界の中心となっているのは戦勝国の代表たる国連安保理常任理事国だからです。その座を手放さないためにも、中国共産党が戦後に建国した中華人民共和国は戦勝国だと名乗り続けています。

ちなみに国連憲章の常任理事国には「中華民国（Republic of China）」という国名が現在でも残っており、「中華人民共和国（People's Republic of China）」という国名は出てきません。私は本物の戦勝国である国民党政府の敵だった共産党政府は、敵国条項の対象にすべきだと思っています。

また、韓国はもちろん常任理事国ではありませんが、国連内での工作活動が功を奏したのか、韓国人の国連事務総長を誕生させることに成功しました。潘基文氏です。韓国から事務総長が誕生したからといって、韓国が戦勝国として認められたわけではありませんが、韓国人は、さぞかし嬉しかったことでしょう。

まあ、国連事務総長は、常任理事国五ヵ国と、非常任理事国であってもG7サミットに参加できる世界の主要国（日本、ドイツ、イタリア、カナダ）以外から選ぶという慣例ですけどね。韓国が「非主要国」でよかったですね。

このように、戦勝国を声高《こわだか》に叫ぶ中韓の姿からも、やはり中華思想と小中華思想を感じずにはいられません。

しかし、中華思想が国連を中心に形成される国際ルールに勝てるはずがありません。世界の目は中国と韓国にどんどん厳しくなっていることを、彼らは肝《きも》に銘じておくべきでしょう。

第七章　ノーベル賞がダメなら孔子平和賞

辞退者続出――孔子平和賞の喜劇

この章では、なかなか世界の主流派になれない中華思想下の中国と韓国が焦《あせ》ってしまい、なんとかその文化の優越性をアピールしようと試みるも、儒教の影響によるセクハラや言論封殺などが表面化し、次々に失敗していく様を書いていきます。

さて中国は、二〇一〇年、「孔子平和賞」という名の、極めて中華思想的な不思議な賞を創設しました。

平和賞といえば普通は「ノーベル賞」を連想しますが、中華人民共和国の国籍を有している人物でノーベル賞を受賞したのは、二〇一〇年の故・劉暁波《りゅうぎょうは》氏（平和賞）、二〇一二年の莫言《ばくげん》氏（文学賞）、二〇一五年の屠呦呦《ツーヨーヨー》氏（医学・生理学賞）の三人だけなのです（ちなみに日本国籍を有する人は二三人）。しかも、劉暁波氏は中国の民主化を訴えて平和賞を受賞したため、中国政府にとって面白いはずがありません。だからなのでしょう。中国は孔子平和賞を新設したのです。

この賞は平和に貢献した人物に対して贈るものなのですが、中国政府の御用学者で組織された中国郷土文化保護部が授賞者を選考するかたちでスタートしました。その後、母体は替わりましたが、中国政府にとって都合のよい人物、あるいは中国にとって重要な人物だけに賞を授与し続けているようです。

　ちなみに二〇一〇年、初代受賞者に選ばれたのは台湾の連戦《れんせん》・中国国民党名誉主席でした。台湾を中国に取り込もうという意図が感じられる人選です。

　しかし、連戦氏は受賞を拒否しました。そのため授賞式には受賞者が不在となり、報道陣からは失笑が漏れたそうです。

　二〇一一年にはロシアのウラジーミル・プーチン大統領、二〇一二年にはコフィ・アナン元国連事務総長、二〇一四年にはキューバのフィデル・カストロ前国家評議会議長らが受賞しています。ちなみに日本人では、元首相の村山富市《むらやまとみいち》氏、福田康夫《ふくだやすお》氏、鳩山由紀夫《はとやまゆきお》（現・友紀夫）氏らが過去に最終選考まで残ったことがあります。

　こうして見ると、やはり中国にとって都合のよい発言をする人物が選考の対象になっているのです。ウクライナのクリミア半島を軍事力で奪取し、国際社会を敵に回したプーチン大統領が「平和賞」を受賞するなどというのは、ブラック・ジョークを通り越しており、もう嗤《わら》うしかありません。

　受賞を拒否したケースは、連戦氏の他にもあります。二〇一五年、ジンバブエのロバート・ムガベ大統領（当時）が選ばれました。ムガベ氏は一九八〇年に権力の座に就くと、強権統治で敵対勢力を排除した人物。国際社会からは非難の声が相次ぎ、欧州連合（EU）は人権侵害を理由にジンバブエに対し経済制裁を行っていました。そのような人物に孔子平和賞が贈られたのです。ところが台湾の連戦氏と同様、ムガベ氏もまた受賞を固辞したのです。

中国も強権統治で自国民や隣国の人々を弾圧している国です。だからこそ、ムガベ氏の政権運営に強いシンパシーを感じたのでしょうか。あるいは日本やアメリカのような自由と民主主義を掲げる国々と対抗するうえで、ムガベ氏を味方に付けたいと考えたのでしょうか。

いずれにせよ、孔子平和賞は多分に政治的な賞であり、加えて何の権威もない、誰も受賞したがらない、中国共産党政府が自己満足のために作った賞だということです。まあ、歴代の受賞者を見ると、「ノーベル平和賞」も似たようなものだとはいえますが。

中華思想で乱発する独自の賞

中国は二〇一六年に「世界文明賞」や「未来科学大賞」といった賞も新設しています。やはりノーベル賞に対抗しているようです。「欧米のルールや価値観に従うつもりはない」という意思表示だと考えられます。

東京工業大学の大隅良典《おおすみよしのり》栄誉教授がノーベル医学・生理学賞を受賞した直後の二〇一六年一〇月三日、第一回世界文明賞授賞式が香港で行われ、調和推進部門では、なんとジミー・

カーター元大統領が選ばれました。

同賞の賞金は、香港の実業家・呂志和《ろしわ》氏による提供でまかなわれており、その額はノーベル賞の約三倍となる二〇〇〇万香港ドル（約三億円）です。この金額には国内外で驚きの声が上がったそうですが、とはいえ同賞を受賞したところで、名誉など何もないと感じるのは私だけではないはずです。

疑問を感じるのは、同じ年に開設された未来科学大賞も同様です。この賞の受賞資格は国籍を問わないと規定されているのですが、二〇一六年の受賞者は香港中文大学と清華大学の二名の中国人教授、二〇一七年の受賞者は中国科学技術大学と清華大学と北京大学の三名の中国人教授でした。完全なお手盛りです。

中国は宇宙開発の他にも科学研究に力を入れています。しかし、世界から評価を受けているとはいえず、むしろ海外企業の知的財産権を蔑《ないがし》ろにしていることに対し、批判を浴びています。だから中国は、「世界が評価しないなら自分たちの科学賞を作ってしまえ」という発想で、未来科学大賞なる賞を新設したのだと思います。

中国の科学技術は、一度、文化大革命で完全に破壊されました。毛沢東は自分が無学なことに強いコンプレックスがあったので、科学技術分野のエリートたちは冷遇されたり、粛清されたりしたのです。その後、鄧小平時代になると科学技術に力を入れ始めましたが、それからまだ四〇年程度しか経っていないわけです。

繰り返しますが、中国人は、中国こそが世界の中心だと考えている人々、中華思想を妄信《もうしん》しています。とすると、科学の分野でもナンバー1《ワン》でなければならない。しかし、世界では思うように評価されない。世界各国から盗んできた技術の寄せ集めですから、当たり前です。だからこそ未来科学大賞を創設し、自分たちこそが世界一であると宣言している。もちろん、それに同意する人は、世界を見渡してもほとんどいないようですが……。

日本文化のほとんどは韓国起源？

一方、小中華思想を妄信する韓国人――この世に存在する食べ物や文化などに対し、「韓国で誕生した」「韓国人が作り出した」と、その起源を根拠なく主張する傾向があることは、よく知られるようになりました。俗にいう「ウリジナル」です。韓国語で私たちを意味する「ウリ」に「オリジナル」を組み合わせた造語です。

このような韓国人は、ありとあらゆるものが韓国起源だと唱《とな》えています。それも知識や素養のない人がいっているならまだしも、大学教授など、社会的地位のある人が真面目な顔をしてウリジナルを訴えているのだから、問題なのです。

ちなみに彼らが韓国起源を主張したもののなかには、飛行機やサッカーなど欧米で生まれたものもありますが、日本で生まれたものがやたらと多いような気がします。その数はあまりにも多いため、すべて挙げることはできません。が、たとえば食べ物なら、日本酒、蕎《そ》麦《ば》、寿司、山葵《わさび》など。スポーツなら、剣道、柔道、空手は韓国発祥《はっしょう》なのだそうです。文化なら、折り紙、ねぶた祭。伝統的なものだと、歌舞伎《かぶき》、茶道、日本刀、忍者。こうしたものの起源は韓国だと主張しています。

さらに、日本語そのものや、「君が代」の起源まで訴えているのだから、もはや笑うに笑えません。他国の言語や国歌にまでケチを付ける図々しさには、呆れるばかりです。

加えて韓国人は、文化だけでなく、世界的に有名な人物、あるいは優秀な人物に対しても、「実は彼は韓国人だ」という主張をします。過去にはタレント・映画監督の北野《きたの》武《たけし》氏、元サッカー選手の中田英寿《なかたひでとし》氏、そして彼らが決して好感を抱いてはいないはずの安倍晋三首相まで、韓国人だといわれたことがあります。一部では、イエス・キリストと孔子も韓国の血を引いているという声まであるというから驚きです。

さらには、イギリス人の先祖は韓国人であるというトンデモ説まである……しかしその理由がおかしくて、韓国語の文法がスコットランドの古語と似ているから、スコットランドの起源は韓国にある、というのです。

彼らの主張を放置していると、時には取り返しのつかない事態に陥ります。彼らの主張が世界で認められてしまうケースがあるからです。その代表的な例がテコンドーです――。

テコンドーは空手をもとに作られた新しいスポーツです。しかし、テコンドーが空手のルーツであるという、史実とは真逆のことが世界的に認められてしまいました。この件については、百田尚樹氏が著書『今こそ、韓国に謝ろう』で詳しく解説しています。

〈韓国は以前から「テコンドーと空手の起源は朝鮮に昔からあるテッキョンである」と主張していました。そして「併合時代、テッキョンは日本政府によって抹殺されたが、近年、韓国がテコンドーとして復活させた」と言っていました。

（中略）これを国際的に認めてもらおうと、官民挙げて宣伝工作に努めました。その間、日本の空手界も政府もまったく反論しませんでした。あまりに馬鹿馬鹿しい主張に相手にする気も起こらなかったのかもしれません。

ところがとんでもないことが起こりました。なんと、ＩＯＣ（国際オリンピック委員会）がテコンドーを韓国の伝統的な武道と認めてしまい、正式にオリンピック競技にしてしまったのです〉

ウリジナルも笑い話では済まなくなっているということです。韓国は何から何まで厄介で面倒な国だと痛感せざるを得ません。

羽田首相は中国人――その理由は

他国のものに対して自国に起源があると訴えているのは、韓国だけではありません。実は中国も同様に、中国起源説を多々唱えているのです。

二〇一七年八月二五日付「サーチナ」では、「日本を代表する桜や和服などは、その起源は中国にある」という「今日頭条」の記事を取り上げています。

〈中国が発祥の事物が日本に数多く存在するのは事実だが、記事はまず桜について「日本を代表する存在である桜も起源は中国にある」とし、桜はヒマラヤが起源であり、それから中国の長江流域をはじめ中国南西部に広まったと主張。始皇帝で有名な秦王朝のころ、宮廷では桜の栽培が行われていたとし、「現代では日本を象徴する花となっている桜は中国起源だ」と論じた〉

〈和服についても過去に「呉服《ごふく》」と呼ばれていたように、中国から日本に伝わった服であるとしたほか、日本の国技である相撲《すもう》についても、唐の時代に中国から日本に伝わった格闘技が起源だと主張。このレスリングに似たようなスポーツは中国の秦の時代の頃は角抵と呼ばれていたが、南北朝時代の頃は相撲と呼ばれたとし、その呼び方からも関連性があるとの見方があると論じた〉

〈茶道や華道も中国が起源であると主張。そもそも茶の文化が中国発祥で、中国から日本に伝わったものである以上、茶道の起源が中国にあるのは当然だと論じた。そのほかにも記事は、畳や刺身についても中国から日本に伝わったものだとし、今日では日本を代表するものとなった事物の中には「中国発祥や中国が起源であるものは少なくない」としている〉

また、「今日頭条」は別の記事で、なんと日本の大学いもの起源まで中国にあると紹介しました。

〈「大学いも」と「抜絲地瓜」が酷似した食べ物であることを伝えている。

「抜絲地瓜」とは、素揚げしたサツマイモの飴掛けのことで、「地瓜」がサツマイモを意味する。似てはいるが「大学いも」と全く同じではない。「抜絲地瓜」は熱いうちに食べないと飴《あめ》がどんどん固まっていき、歯が立たなくなる。飴というよりはタレに近い大学いものように「冷やしてもおいしくいただける」訳ではない〉（二〇一七年八月二六日付「サーチナ」）

以上のように、韓国起源説とまったく同様の主張をしているのが中国なのです。そして中国人もやはり、優秀な人物を指して「実は中国人だ」と主張することがあるそうです。

黄文雄氏の著書『中華思想の嘘と罠』には、こう書かれています。

〈羽田《はた》孜《つとむ》氏が総理大臣になったとき、中国系の新聞雑誌は「そもそも羽田氏の祖先の姓は秦《はた》である。だから彼は中国人の子孫だ。中国人はついに日本の総理になった」とまでこじつ

け、鬼の首でもとったように喜び、酔いしれた〉

また、内モンゴル自治区の支配を正当化するためか、最近はチンギス・ハンまで中国人だといっているそうです。

なぜ中国人もまた、韓国人と同様、優秀な人物を同胞だと認定したがるのでしょうか。その理由は韓国人とは少し違うようです。

まず中国人の特徴について、黄氏は同書で、以下のように解説しています。

〈「中国人は世界でもっとも頭のよい民族」「中国人の聡明才智は世界一」というのが、中国人の間でよく語られる自慢話の一つである〉

〈古代文明国家は周辺諸民族に対して、多かれ少なかれ優越意識をもつものだ。たとえば古代ギリシャ人、ローマ人、ユダヤ人もそうだった。しかし、一人の優秀な人物をもってきて、すべての中国人が優秀だという拡大解釈は無類の優越感からくるもので、中華という土壌から育てあげられた「中華思想」の一つである。まさに唯我独尊《ゆいがどくそん》の民族意識といえる〉

そして、このような考えを持っているからこそ、「優秀な人物＝中国人」と考えてしまうのです。羽田氏を例にすると、「総理大臣になるような人物は優秀だから、中国人に違いない」というロジックになります。

整理してみると、韓国起源説は劣等感から来るもので、中国起源説は優越感から来るものです。理由はどうあれ、文化や伝統、そして人物まで「韓国のものだ」「中国のものだ」といわれる日本という国は、本当にお気の毒だと思います。

技術者の次はアニメーターを強奪

二〇一六年一〇月、日本のアニメやドラマに字幕を付けてインターネットで違法公開する中国人グループ「字幕組」のメンバーの逮捕が相次ぎました。著作権侵害に当たるのだから、当然の措置だったと思います。

ただ、中国は建国以来、他国のアニメ、ゲーム、キャラクター、ブランド製品、お菓子、ファストフード店、遊園地など、なんでもパクり続けてきた国です。そのため、字幕組のメンバーが逮捕されたことに対して、中国のインターネットでは以下のような声が上がりました。

〈多くのネットユーザーから応援メッセージが寄せられ、中には「もし『字幕組』がいなかったら日本の漫画、アニメ文化も中国国内に伝わらない」「正規版を支持することは必要だが、多くの作品が日中で同時公開とはならない。なったとしても字幕は期待できない」という声もあった〉（二〇一六年一〇月五日付「レコードチャイナ」）

もっともらしい言い訳をしていますが、要はタダで見たいといっているに過ぎません。

日本のアニメは中国でも大人気です。日本の作品が受け入れられているというのは素晴らしいことだと思います。とはいえ、無断で映像が配信されている状況を放置してよいはずがなく、これからもどんどん取り締まるべきでしょう。

しかし、アニメをめぐって看過できないことが一つあります。日本のアニメが中国で爆発的にヒットしていることを受けて、近年は中国資本が日本でアニメ製作会社を設立し、日本人アニメーターを引き抜いているのです。二〇一六年一二月三一日付「サーチナ」では、中国メディア「新浪」の記事を引用して、以下のように報じています。

〈(新浪の) 記事は、「現在、金銭と能力のある多くの中国ACG (アニメ・コミック・コンピューターゲームなど二次元コンテンツの総称、筆者注) 企業が、日本で会社を設立し、日本のアニメ制作に直接関与し始めている」と説明。また、良いアニメ制作人材を集めるために、中国企業が日本企業より高い待遇を提示していると伝えた。その一例として、二〇一五年一〇月に上海のアニメ企業が日本で設立した絵梦《えもん》株式会社について紹介、同社の李豪凌《りごうりょう》CEOが「スタッフに良い作業環境を与えるために、人件費で多くの投資をしている」と語ったとしている〉

〈ソフトパワーの強化が声高《こわだか》に叫ばれてから数年が経過した中国。その代表格と言えるのがアニメ産業だ。現在もなおしばしば「パクリ疑惑」を起こす一方で、日本の優れた人材を呼

び込むことによって着実に力をつけ、日本との差を縮めにかかっていることは間違いない〉

過去にこれと似た話がありました。日本の技術者が大量に中国や韓国の企業に引き抜かれたという話です。特に中韓の電機メーカーなどは、高い給料で彼らを引き抜いていきました。こうして日本の技術を得たことで、日本製に匹敵する商品を開発していったのです。そして完成した商品は、日本メーカーより安い価格で世界で売られました。

すると当然、日本メーカーは打撃を受けることになりました。メーカーだけではなく、日本という国単位で考えてみても、技術流出という悪い影響が出たのです。そして中韓のメーカーに引き抜かれた日本人技術者の多くは、しばらくすると使い捨てにされ、職を失ったのです。

現在、中国はアニメ業界で、これと同じことをやろうとしています。日本は同じ失敗を繰り返してはなりません。クリエーターたちに破格の給料を支払うことは無理だとしても、日本人アニメーターの流出を防ぐ手立てを考える必要があります。

中国を撤退する企業は送金禁止?

このような状況下、アメリカでは通商代表部(USTR)が、二〇一六年一二月、知的財産権に関する報告を行いました。USTRとは、通商政策において大統領を補佐する機関です。

USTRの報告によれば、アリババ（阿里巴巴）傘下のショッピングサイト、淘宝網《タオバオワン》など、中国の一〇の市場が「悪名高い市場リスト（notorious markets）」に入りました。

この報告を受けて、アリババグループは不満を露わにしました。総裁のマイケル・エバンス氏は、以下のように語ったとされます。

〈「四年前、USTRは当社の名前をこのリストから削除した。それから四年間、当社はブランド所有者や法執行機関と共に、模倣品や海賊版を販売している業者に対する処罰を実際に展開し、先進的な方法で効果的に知的財産権の保護業務を展開してきた。それにもかかわらず、USTRは当社を再び『悪名高い市場リスト』に入れた。当社は、これが本当に事実に基づいた決定なのか、今の政治的雰囲気の影響を受けているのではないかと、疑いをかけざるを得ない」〉（二〇一六年一二月二六日付「レコードチャイナ」）

加えて、チーフ・プラットフォーム・ガバナンス・オフィサーの鄭俊芳《ていしゅんほう》氏は、以下の通り語りました。

〈「中国の企業が、いろんな理由をつけて米国政府から不条理な制裁を受けるのはこれが初めてではなく、今回が最後のケースになるわけでもないだろう。それでも、アリババは中国と米国の貿易や知的財産権などの分野における対話に積極的に参加し、中国企業が平等な貿易の権利を得ることができるよう努力している」〉（二〇一六年一二月二六日付「レコードチャイナ」）

記事によれば、リストに入った中国の一〇の市場のうち四市場が淘宝網などのオンライン市場で、残りの六市場は広州白雲市場などのオフライン市場でした。中国の一〇市場が同リストの四分の一を占めたそうで、これは前代未聞の結果だといいます。

アメリカもまた、中国という国そのものや、中国の企業が危険な存在だと理解していま す。いまだに中国市場に大きな期待を寄せている企業はアメリカにもありますが、それでも全体的には警戒しているのです。

一九八〇年以降、中国は「世界の工場」と呼ばれ、アメリカやヨーロッパの多くの企業が、中国に工場を建てました。しかし、公然と賄賂を要求する役人や、欧米の常識が通じない中国人労働者を目《ま》の当たりにして、徐々に撤退していったのです。

ところが日本企業は、いまだに多くが中国に進出しています。信用調査会社、帝国データバンクの二〇一六年のデータによれば、中国に進出している日本企業は一万三九三四社に上るそうです。撤退する際に国外送金を禁止するなど、中国政府の妨害があるとはいえ、あまりに多過ぎるのではないでしょうか。

外国企業が中国から撤退するときの話をしましょう。撤退を表明すると訴訟を起こされるなどの嫌がらせを受けることがあります。中国にある会社のお金、あるいは工場の設備などを、すべて放棄しなければならないケースもあります。結果、ときには夜逃げするように撤退する企業もある……孔子平和賞のような中国に都合のよいスタンダードを押し付けられた被害者です。信じてはいけない相手を信じてしまったことのツケともいえます。

一万を超える日本企業が中国にいるという状況は、とても健全ではありません。日本政府は企業を国内に呼び戻す努力をすべきだし、日本企業はたとえ中国撤退で痛手を受けるとしても、他の国に移転することを検討すべきです。実際、中国での人件費の高騰を嫌ってベトナムやタイなどに拠点を移し、大成功している企業はたくさんあるのですから。

中華思想では職人は育たない

中国は、他国の技術をパクることで技術力を向上させてきました。もちろん日本も、かつては他国から多くの技術を取り入れました。ただし、他国の技術を単純にパクったわけではなく、自動車も電化製品も、オリジナルより数段レベルアップした製品に仕上げました。だからこそ、「メイド・イン・ジャパン」は、世界で絶大な信頼を得たのです。

しかし、中国の場合は違います。とにかく他国の技術をパクるだけ。ただひたすら、オリジナルの劣化版を作り続けてきました。近年は、前述のように他国の技術者を大量に引き抜き、同等の品質のものを作るケースも増えています。

当然、そのようなやり方では、自国の技術者は育ちません。叩き上げの職人こそが物作りの現場を支えてくれるものですが、その職人が中国には極めて少ないのです。しかし、そんなことは彼らにとっては問題ではなく、要は手っ取り早く金儲けができればよいのでしょう。

中華人民共和国が建国される以前の時代には、美術品や工芸品を見てもわかるように、優れた職人や技術者がいたのだと思います。しかし中国では、王朝が代わるたびに前王朝の文化や伝統が徹底的に破壊されてきました。毛沢東政権による文化大革命は、そのトドメでした。だから、かつての他国を圧倒する技術は、現在の中国にはまったく継承されていません。

また、その中華思想は、職人や技術者が育たない原因になっているような気がします。

中華思想では、他人の上に立つことで自分のアイデンティティを確立します。ですから北京などの都市部に住む人は、地方や農村に住む人を見下し、地方や農村に住む人は、チベットやウイグル、そしてモンゴルなどの異民族を見下すことで自我を保っているのです。

このような上から目線の、悪いプライドの塊《かたまり》のような思想は、職人を育てるのに適していません。師匠に付いてゼロからコツコツとスキルを学ぶなどということは、中華思想を捨てない限りできないでしょう。

それは韓国も同様です。そもそも大半の韓国人は、職人になる気などありません。前述の通り、韓国では職業に対して独自の価値観があり、手が汚れるような仕事をすることを是《ぜ》としない傾向が強いからです。

二〇一六年一二月七日付の「産経新聞」では、以下の通り報道しています。

〈日本貿易振興機構（ＪＥＴＲＯ）によると、昨年の日本の輸出相手国として、韓国は米国と中国に次ぐ三位。輸出全体に占める割合は七・一％に上る。

輸出品は化学製品や電子機器が多く、韓国経済の牽引役であるサムスン電子のスマートフォンなどにも日本企業が部品を提供〉

……つまり、サムスンのスマートフォンも、中身を開けたら日本など海外からの部品ばかりだということです。本来であれば、サムスンが投資をして、国内の中小企業を育成し、部品を作らせるべきでしょう。しかし韓国社会では、なかなかそれができない。なぜなら中華思想では、下請企業などゴミに等しいからです。

このような状態では、職人が育つはずがありません。中国も韓国も、他国から技術をパクる以前に、国民の物作りに対する意識や、社会構造そのものを変えていかなければならないでしょう。

韓流の裏ではびこるセクハラ

オリジナルの「製品」という観点では、韓国は官民挙げてK－POPや韓流ドラマを世界に売り込んでいます。日本でもドラマ「冬のソナタ」のヒットを機に、韓流ブームが巻き起こりました。現在はかつてほど話題になることはありませんが、それでもBS放送などでは、いまだに韓流ドラマをたくさん放送しています。

韓流ブームは作られたものだという声は多々あります。事実、そうなのだと思います。かつて各局がこぞって韓流ドラマを放送した一番の理由は、放映料が極めて安いという事情があったようです。価格の安いコンテンツに飛びついたテレビ局が、いわば韓流をゴリ押しするかたちになったのです。その結果、日本でも中高年の主婦層を中心に、一定のファンが生まれることになりました。

もちろん、韓国は音楽やドラマを、日本だけではなくアジアの他の国々にも積極的に売り込んでいます。そして、他国でも一定のファンを獲得しているようです。

一見すると華やかに見える、この韓国芸能界ですが、実際は儒教文化の象徴のような業界です。上下関係はもちろん、特に男尊女卑の傾向が強い。二〇一七年から、アメリカのハリウッドでは、大物プロデューサーや大物俳優によるセクハラ事件が話題になりました。被害に遭ったという人が次々と名乗り出たのです。しかしハリウッドと同様に、いやそれ以上にセクハラ事件や暴力事件が多いのが、韓国芸能界なのです。

たとえば二〇一五年、韓国の歌手ボビー・キム氏が、大韓航空機内で酒に酔って客室乗務員の女性にセクハラ行為をし、アメリカ連邦捜査局（ＦＢＩ）と税関の事情聴取を受けました。

また二〇一七年八月には、世界的に高い評価を受けている映画監督キム・ギドク氏が、映画の撮影中に女優に平手打ちしたり、そもそも脚本にはなかったはずのベッドシーンを強いたりしたとして、告訴される事件も起きました。

「産経新聞」は以下のように伝えています。

〈（キム氏は）「リアリティーを高めようと集中する中で起きたこと」と釈明し「傷ついた女優にはすまないことをした」と陳謝。一方、脚本にないシーンの強要などについては否定した〉（二〇一七年八月五日付「産経新聞」）

真相はこれから明らかになると思いますが、韓国では、女優が撮影に絡む暴力やセクハラを訴えるケースが相次いでおり、政府傘下の映画振興委員会が調査しているところです。

なぜ、このような事件が頻繁に起きているのか。それはやはり、韓国社会が男尊女卑の社会だからだと思います。儒教社会では男性が上であり女性は下。だから女優に対してひどい扱いをしてしまうのでしょう。

五〇回転載でサイトを閉鎖？

私は常々、「言論の自由がない国は先進国ではない」と主張しています。アメリカ合衆国憲法修正条項第一条では、言論の自由が保障されており、アメリカ人は言論の自由をとても大切にしているのです。ですから日本に住むアメリカ人の私は、ここまで孔子平和賞などの欺瞞《ぎまん》を追及することができました。

しかし、中国は一党独裁の共産主義国家なので、言論の自由がありません。そして、二〇一二年に習近平氏が党総書記に就任すると、その言論統制が以前にも増して厳しくなりました。

二〇一〇年、チュニジアでのジャスミン革命を機に、独裁国家で民主化を訴える大規模な反政府運動が巻き起こりました。「アラブの春」と呼ばれるこの運動は、インターネットを発端に始まった運動です。

習氏率いる中国政府はこの運動を意識していたのか、二〇一三年、インターネットの監視を強化するための新しい法律を設けました。二〇一四年三月八日付の「産経新聞」では、以下のように解説しています。

〈中国最高人民法院（最高裁）などは昨年九月、ネット犯罪に関する「刑法解釈」を公布。社会秩序を混乱させたり、国家利益を損なう投稿をした場合、侮辱・誹謗《ひぼう》罪について最高三年以下の懲役と定める刑法第二四六条を適用すると発表した。対象となる重大案件の基準は、閲覧五〇〇〇回以上、転載五〇〇回以上などとなっている〉

要は、あるウェブサイトが「五〇〇〇回閲覧」されたり、「五〇〇回転載」されたら、そのウェブサイトは「共産党に対する誹謗中傷のウェブサイト」と認定される可能性があるということです。場合によってはサイトが閉鎖され、管理者が逮捕されることもあります。

しかし、ネットユーザーから注目を集めているウェブサイトなら、「五〇〇〇回閲覧」や「五〇〇回転載」くらい、すぐに達成してしまいます。私のフェイスブックやツイッターのアカウントでも頻繁に起きることです。

では、なぜこのような法律が施行されたのか。理由は簡単です。中国政府が気に入らないウェブサイトを見つけたときに、すぐにそれを閉鎖させ、管理者を逮捕できるようにするためです。

実際、この法律は、中国が支配を続ける内モンゴル自治区でも適用されていますが、施行後に五〇名を超えるモンゴル人が逮捕されたといいます。

他民族への弾圧を続ける中国の正体は、日本でも知られつつあります。しかし、それは中国の全貌ではありません。なぜなら中国で起きている多くの弾圧は、中国政府によって隠蔽されているからです。

日本では北朝鮮の独裁体制ばかりが語られていますが、中国も負けず劣らずの恐怖政治を敷いているということを、日本人はいま一度、認識しておくべきでしょう。

言論封殺の判決が支持される韓国

一方の韓国もまた、言論の自由がない国です。特に日本の統治時代について好意的な意見を述べることは、何があっても許されません。

第一章でも述べましたが、著書『親日派のための弁明』で統治時代を評価した金完燮《キムワンソプ》氏は、史料をもとに日本統治時代に真っ当な評価を与えただけで、名誉毀損《きそん》を理由に訴訟を起こされてしまいました。

そして、いまだに出国禁止処分になっている……これは韓国に言論の自由がないことの、何よりの証明でしょう。

この手の話は他にもあります。世宗《セジョン》大学教授の朴裕河《パクユハ》氏も慰安婦問題を扱った著書『帝国の慰安婦——植民地支配と記憶の闘い』（朝日新聞出版）の内容をめぐって訴訟を起こされました。

同書は史実をもとに慰安婦の実態を解説した本です。とはいえ、日本びいきの内容というわけではなく、公平な視点で書かれたものです。にもかかわらず、二〇一七年一〇月、ソウル高裁は、罰金一〇〇〇万ウォン（約一〇〇万円）を命じる有罪判決を言い渡しました。

この判決は言論の自由を脅《おびや》かすものです。しかし韓国国内では、この判決が好意的に受け止められたのです……。

現在の韓国人は、日本を叩くためなら、言論の自由など追求しなくていい。とにかく「日本＝絶対悪」でなければならず、史実を語ることさえ許されなくなっているということです。やはり韓国も真っ当な国とはいえません。

このように、言論の自由がない、言い換えれば自由や民主主義が保障されていない国に囲まれているのが日本です。これは日本にとって最大の不幸かもしれません。しかし、だからこそ日本人だけは高い意識を持って、アジアの盟主として、自由のために戦ってもらいたいと思います。

中華思想を抱く一党独裁の共産国家や、それに追随する小中華思想の国と正面から対峙《たいじ》し、その勘違いを正してください。それが延《ひ》いては、日本や私の祖国アメリカのみならず、自由、民主主義、法の支配、基本的人権の尊重といった価値観を共有する、世界中の人々のためになるのですから。

第八章　中華思想を拒絶し続けてきた日本と台湾

「サラミスライス戦術」とは何か

日本はアジア諸国の中心的存在です。経済力と防衛力、それに世界的な日本ブームからも分かるとおり、その文化力やソフトパワーは他の追随を許しません。

日本は一八六八年の明治維新以降、イギリスなど西欧の技術や文化、あるいは法制を積極的に取り入れることで、近代化を達成しました。また一九四五年の終戦後は、アメリカを手本にして目覚ましいスピートで復興を果たし、一気に先進国へと返り咲いたのです。ある意味では、日本という国は独自に育んできた文化や伝統に、他国の要素を上手に組み入れることで発展してきたと思います。

そのような日本の発展を隣で見てきた中国は、自分たちも日本に様々な文化を伝えてきたという自負があるようです。二〇一六年六月二八日付の「サーチナ」では、「今日頭条」の記事を取り上げて、以下のように紹介しています。

〈文化の面で、中国は確かに日本に影響を与えてきた〉

その一方で、〈しかし、日本による中国への文化的侵略も長い間行われてきたのである〉と日本が中国に与えた影響についても語り、その一例として、日本発の言葉を取り上げています。

〈(「今日頭条」の記事では）現在常用されている中国語のボキャブラリーにおいて日本から伝わってきたものが充満していると紹介。その一例として「科学」、「幹部」、「市場」、「環境」など約七〇の熟語を挙げてその多さを示した。また、「〇〇化」、「〇〇力」、「〇〇性」、「〇〇的」などといった熟語の作り方も実は「日本製」であるほか、ネット上で広く用いられるスラングも日本から取り入れられたものであふれている〉

中国は日本の言葉をたくさん取り入れて、それを現在、使っているのです。しかし、記事には気になることも書いてありました。

〈この一〇〇〇年余りのなかで、中国文化の影響を受けた日本はアジア文化の中心となった。日本の先進的な文化をひとまとめに排斥《はいせき》する訳ではないが、中華文化の振興に向けた任は重く、その道のりが遠いことは明らかだ〉

「今日頭条」では客観的に、〈中華文化の振興に向けた任は重く、その道のりが遠い〉と書いていています。その点は、現在の中国政府も自覚しているのだと思います。だからこそ中国は、中長期的な計画を立て、「中華民族の復興」に向けて行動しているのです。

その点は、尖閣諸島をめぐる中国の動きを見ると分かりやすいでしょう。最初に尖閣諸島沖にやって来たのは、漁船でした。しかし、その漁船が故意に衝突事故を起こし、それでも日本は何もやり返してこないということが分かると、今度は漁船を海警局の公船に代え、そして遂には人民解放軍の軍艦と潜水艦まで派遣してきたのです。

このように、尖閣奪取に向けて少しずつ少しずつ行動し、「気がついたら中国の領土になっていた」というふうに、時間をかけてじっくり行動する、そんなやり方を「サラミスライス戦術」と呼びます。

第二章でも述べましたが、南モンゴルでは、最初は戸籍のない中国からの流民《るみん》が押し寄せ、徐々に中国人が増えてきて、文化大革命を契機にして、一気に中国人が権力を奪ってきました。その結果、南モンゴルは「内モンゴル自治区」と呼ばれるようになり、中国共産党政府の支配下に置かれたのです。

他人事《ひとごと》ではありません。かくいう日本でも、現在、北海道の広大な土地が次々に買われており、在日中国人の数も激増しています。今後、南モンゴルのようにならないとは言い切れない状況なのです。

中国のやり方は非常に狡猾《こうかつ》ですし、長期戦略で進めてきます。ただ感情的に騒ぐだけの韓国とは違います。

「気づいたら日本は中国に占領されていた」などということのないよう、危険な隣国・中国の行動を注視していかなければなりません。

中華思想のせいで近代化に失敗

日本が他国の文化を取り入れて発展したとする報道は、中国ではたびたび行われているようです。「サーチナ」では、中国メディア「網易《ワンイー》」の報道を紹介しています。

〈資源に乏しい日本が大きな経済発展を遂げることができたのは、「拿来主義」によると説明しており、中国も日本の拿来主義に見倣《みなら》うべきだと提言している。

拿来（ナーライ）主義とは魯迅《ろじん》が創り出した言葉であり、外国文化を頑として拒むのではなく、むしろ積極的にそれを取り入れ、その文化のある面を使用してみてもし良ければ使用し続けるし、もし役に立たないのであれば捨てるという考え方だ〉（二〇一七年一月一七日付「サーチナ」）

中華思想を持っている中国人ですが、やはり客観的に日本を見たときに、中国よりも成熟した国家だと感じているのでしょう。だから〈日本の拿来主義に見倣うべきだ〉とまでいっているのです。

では、日本のどのような点が「拿来」なのか。日本語に拿来主義が反映されていると記事では解説しています。

まず、日本では中国の文字である漢字を導入しました。さらにその漢字をもとに、カタカナを生み出しました。そして、明治維新で西洋文明を取り入れる際に英語を学び、その英語をカタカナで表記し、日本語に溶け込ませたのです。

前述した通り、日本は独自の文化・伝統に、他国の文化を組み入れることで発展しました。それは確かに日本語にも表れているのかもしれません。しかし中国では、それができないのだといいます。記事では以下のように語っています。

〈中国もかつて洋務運動によって国力増強を目指したが、中華思想という「中華文明がもっとも優れている」という保守的な思想の影響によって西洋の優れた点を積極的に学ぶことができなかった〉

中華思想があることにより、自分たちが一番だという間違った自信を持ってしまっているのです。そのような中国人の自尊心や自信の拠り所について、同じく「サーチナ」では、中国メディア「伝送門」の解説を引用しています。「伝送門」の解説は、日本人と比較するかたちで語られています。

〈中国人の自信の拠り所は「伝統文化」にあるという。中国の伝統文化には「栄光」があり、それが中華民族としての自分の栄光につながるということのようだ。しかし、こうした中国人の自信の拠り所には問題点があると主張。その一例が、清朝末期の洋務運動であり、伝統の学問や思想に固執したため西洋の学問や技術を取り入れるのに「完全に失敗」した〉

〈「一つの民族にとって最大の自信とは、先祖がどうこうではなく、自らの能力や努力、奮闘と関係がある」と主張。中国人の自信と尊厳は過去を基礎にしているのに対し、日本人の自信と尊厳は現在と将来を基礎にしているのだと、その違いを強調した。

記事が指摘したとおり、過去の栄光にしがみついても成長は見込めない。日本のように謙虚に外国の良いものを学んで取り入れる姿勢を見せれば、中国はさらなる発展が見込めるかもしれないが、中華思想を捨てるのはそう簡単ではないだろう〉（二〇一六年一二月五日付「サーチナ」）

——中華思想という危険な思想は、自分たちが世界の中心であるという考えをもとに行動するため、自ずと横暴になり、他国を不幸にします。しかし、それに留まらず、自国の発展すら妨げているのだと、中国人も気づいているようです。

では、なぜ中国は、この思想を捨てることができないのでしょうか。もしかしたら、中国こそが、東夷・西戎・南蛮・北狄を一つにまとめたような国であるという事実に直面したくないからなのかもしれません。

中国という国は経済的に成長し、アメリカやロシアに次ぐ軍事力を持っていたとしても、自由と民主主義、法の支配や基本的人権を大切にしているヨーロッパの小国の足下にも及ばない存在なのです。それを自覚したくないからこそ、中華思想を掲げ、自分たちの体たらくに目をつむっているのかもしれません。

「日本鬼子」を漫画で逆襲に成功

そんな中国人は、日本人を「小日本」や「日本鬼子《リーベングイズ》」という蔑称で呼ぶことがあります。中国での反日デモには、これらの蔑称が書かれたプラカードを掲げている人がよくいることから、この言葉は定着しているようです。

「小日本」とは、日本が小さな島国であることなどを指しています。そして「鬼子」は、そもそもは魔物というような意味ですが、中国大陸に進出した日本兵を「日本鬼子」と呼ぶようになりました。

二〇〇〇年には中国で『鬼が来た！』（原題・鬼子来了）というフィクション映画が製作されましたが、やはり作中で日本兵は残忍な存在として描かれています。

とにかく日本兵を残忍な存在として貶《おとし》めたかった誰かが「鬼子」と呼び始めたのかもしれません。それがいまでは日本人に対する最大級の蔑称となったというわけです。

中国人は韓国・朝鮮人には「高麗棒子《ガオリーバンズ》」という蔑称を付けています。朝鮮半島に住む人は子供っぽい、というような意味合いがあるのだそうです。この蔑称については、中国メディア「八路網」の「なぜ韓国人は棒子と呼ばれるのか？」という記事を取り上げるかたちで、

「サーチナ」が解説しています。

〈日本が満州を占領していた時代、日本兵が不足していたことから韓国人は日中の話し合いのなかで通訳を務めたと伝え、こうした日本の下で働いた韓国人を中国では「二鬼子」と呼んでいた。（中略）現在の中国では「二鬼子」という言葉は「高麗棒子」と同義の言葉として蔑称として使用されている〉

〈韓国人女性が洗濯で棒を使っていたこと、男性が棒を持って日本人の威を借りて威張り散らしていたことが「高麗棒子」の言葉の由来の一つの説となっている。（中略）また、高句《こうく》麗《り》の時代に韓国の兵士たちは棒を武器にしていたことも由来の一つとして挙げ、「棒子」はもともと武器を指し、隠語として韓国人を指すようになった〉（二〇一六年三月二三日付「サーチナ」）

中国人が日本人に対して「小日本」や「日本鬼子」、韓国・朝鮮人に対して「高麗棒子」という蔑称をいまだに使っている理由は、やはり彼らが中華思想を抱いているからです。日本にも中国人に対する蔑称があります。しかし、現在の日本でそのような言葉を使っている人は滅多にいません。それどころか、「支那人」という、蔑称ではない本来の呼び方をするだけでも、大きな批判を浴びるのが現在の日本です。

ただ面白いのは、日本人が「日本鬼子」という蔑称を逆手にとるかたちで、擬人化したキャラクター「日本鬼子《ひのもとおにこ》」が作成されたということです。このイラストが日本最大の電子掲示板「2ちゃんねる」に匿名《とくめい》でアップされると、瞬《また》く間に話題になり、その後「小日本《こひのもと》」というキャラクターまで誕生しました。

「日本鬼子」という蔑称に怒るのではなく、逆に作品の題材にして遊んでしまう日本人は、本当に粋《いき》な感性を持った民族だと感じます。いつも無粋《ぶすい》な中国人や韓国人は、日本の批判をするだけではなく、このような感性も磨いてもらいたいものだと、アメリカ人として思います。

この一件は、中国メディアでも報道されたそうです。普段、蔑称で日本人を馬鹿にしている中国人も、日本人の心の余裕に敗北感すら覚えたのではないでしょうか。

日本を憎む韓国、愛する台湾

日本の周りを見渡せば、厄介な国ばかりに囲まれていることが分かります。北方領土問題を抱えるロシア、ミサイル実験を繰り返す北朝鮮、そして中華思想に囚われた中国と、小中華思想に支配された韓国……それらの国々に囲まれているのです。

そのような日本は、アメリカとのよい関係を保つことと同時に、そろそろ台湾との関係を再検討すべきではないでしょうか。

一九七二年の日中国交正常化の際、日本はアメリカに追随するかたちで、中国からの要求である「一つの中国」を受け入れてしまいました。「一つの中国」とは、中国大陸、マカオ、香港、台湾は中国の一部であるという主張です。日本もアメリカも、その主張に賛同したわけではないのですが、「中華人民共和国が『一つの中国』という主張をしている」ことは認めて、台湾との国交を断絶したのです。もちろん、民間では台湾との交流は続いていますが、政府間は断交することになりました。

この関係をいますぐ見直すことは、確かに難しいでしょう。しかし、仮に台湾を中国に奪われると、台湾近海は中国の海になります。すると日本はシーレーンが脅《おびや》かされるだけでなく、安全保障上の危機にも直面することになるのです。

だからこそ、台湾との関係をいま一度考えるべきなのです。中国は常に長期戦を挑んでいるのだから、日本もその場しのぎの対応だけで終わるのではなく、同様に長期戦略を考えておく必要があります。

台湾は朝鮮半島と同様に、一九四五年の終戦まで、日本の統治下にありました。しかし、韓国人と決定的に違うのは、台湾人は日本統治に感謝しているということです。日本は韓国・朝鮮だけでなく、台湾を統治した時代に、台湾の近代化を推し進めました。

ただし当時の日本は、韓国・朝鮮のほうを優遇したのです。ソ連の南下を防ぐためにも、地政学的に朝鮮半島のほうが重要だったからです。それにもかかわらず、最も優遇された韓国・朝鮮人は日本を憎み、そうでなかった台湾は日本に感謝しています。

その、韓国と台湾の違いは、当時の総督府庁舎の建物で分かります。

一九一九年に建てられた赤レンガ造の台湾総督府庁舎は、耐震・耐熱帯気候の工夫《くふう》が施された丈夫な建物だったことから、台北で現存しているだけでなく、日本の統治時代が終わってから七〇年以上が経った現在も、台湾の総統府として利用されています。

一方の韓国では、一九二六年にソウルに朝鮮総督府庁舎が建てられました。しかし、現在この建物はありません。終戦から五〇年後の一九九五年八月一五日に取り壊されたのです。当日はソウルで「光復節」を祝う集会が開催されました。金泳三《キムヨンサム》大統領（当時）のほか、元大統領の全斗煥《チョンドゥファン》氏と盧《ノ》泰愚《テウ》氏も出席した大きな集会でした。そしてこの集会の後に総督府庁舎は破壊されたのです。

もちろん、この違いは、親日・反日という日本に対する感情だけが理由ではありません。多くの韓国人は風水を信じます。そして、「朝鮮総督府庁舎は気を遮断している」という声があったといいます。しかし、問題は破壊された建物の残骸《ざんがい》なのです。

朝鮮総督府庁舎が破壊されたあと、建物の尖塔《せんとう》部分はヘリコプターで独立記念館に運ばれました。独立記念館は前述した通り、天安市にある反日施設です。そしてこの施設の敷地内に、府庁舎の尖塔部分を地中に埋め込んだようなかたちで展示した……「日本統治時代を葬ってやった」という意思を感じさせる展示の仕方です。

風水的によくなかったのなら、ただ取り壊すだけでよいはず。わざわざ残骸を埋めて展示する必要が、どこにあるのでしょうか。そんなやり方を見ると、アメリカ人である私は、韓国人は本当に不気味な人たちだなと思います。まさに「恨《ハン》」こそが韓国独自の文化だと主張する民族らしい行動ではありますが。

余談ですが、旧ソウル市庁舎も日本が統治時代に建てたものです。二〇一二年にはその市庁舎（現・ソウル図書館）の横に新市庁舎が建てられたのですが、これは地元住民から「ツナミ」の愛称で呼ばれています。まるで旧市庁舎を津波が飲み込む瞬間を捉えたようなデザインだからです。現に設計者のユ・ゴル氏は「津波のように見えるところこそ醍醐味《だいごみ》」と語っています。

二〇一一年の東日本大震災の翌年に、このようなデザインの市庁舎を建てる……反日のため、小中華思想を満足させるためなら何をやってもよいというのが、多くの韓国人の考えのようです。無神経極まりない話ですが、これが軽蔑《けいべつ》される行為だと気づいていないのだから、哀れな人たちだとも思います。

このように、建築物一つをとってみても、台湾と韓国のどちらが日本にとっての友好国なのか、今後手を携えるべきはどちらなのか、よく分かるのではないでしょうか。

台湾に迫る危機は日本の危機

そんな台湾では、二〇一四年三月に忘れられない事件が起きました。「ひまわり学生運動」です。

これは、学生や市民が、日本の国会議事堂に当たる立法院を占拠した運動でした。なぜこのような運動が発生したかというと、その前年に調印された、中国とサービス分野の市場開放を目指す「サービス貿易協定」を、当時の馬英九《ばえいきゅう》政権が強行採決したからです。しかし、これは台湾にとって不利な内容の協定で、野党からは、台湾の弱小産業切り捨てに繋がるという反対の声が挙がっていました。当然、多くの台湾人もこの協定に反対しました。

すると、数百人の学生や市民が警察官を押しのけて庁舎内に乱入し、その後、二三日間にわたって議場を占拠したのです。

結局、警察によって強制排除されたのですが、台湾の若者たちの「中国に飲み込まれたくない」という気持ちは、日本にいる私にも、ひしひしと伝わってきました。彼らは中国に対して怒り、中国に媚《こ》びるような政策をとった台湾政府に怒り、「台湾は中国ではない、台湾なのだ」という意思を表明したのです。

対する日本の若者はどうでしょうか。二〇一五年、国会で集団的自衛権の行使を含む平和安全法制が議論されていたとき、国会前はとても賑《にぎ》やかでした。一〇代から二〇代前半の学生によって結成された「ＳＥＡＬＤｓ（シールズ）」なる団体をはじめとする人々が抗議運動をしていたのです。

日本の若者は、中国や北朝鮮という脅威が目の前に迫っているというのに、それを自覚していないのか、それとも自覚したくないのか……とにかく目を閉じて、「集団的自衛権で戦争が始まる」などと、まさに訳の分からないことを訴えていたのです。

まったくもって、台湾の若者とは大違いです。台湾の若者は中国の脅威を自覚し、台湾を守るために立ち上がったのですから。

台湾では、親中派といわれていた馬英九総統が退き、二〇一六年には、李登輝《りとうき》元総統の薫《くん》陶《とう》を受けた蔡英文《さいえいぶん》氏が総統に就任しました。これは日本にとっても追い風で、いまこそ台湾との関係を再興してもらいたいと思います。

しかし、いますぐ台湾と国交を回復するのは難しいでしょう。なぜなら、それをよしとしない共産中国の存在があるからです。

……二〇一〇年に発生した尖閣諸島沖の中国漁船衝突事件の直後、日本が中国人の船長を逮捕したことを受けて、中国政府はレアアースの日本への輸出を止めました。また同年には、河北省《かほく》の軍事管理区域に侵入して許可なく撮影したという容疑で、建設会社フジタの社員ら四名を拘束しています。

二〇一七年九月一九日付の「産経新聞」の報道によれば、〈二〇一五年以降、スパイ行為に関わったなどとして明確な情報公開もないまま中国当局に拘束された日本人は一二人に上り、七月に解放された四人を除く八人が現在も拘束されている〉といいます。

中国とは、そういうことを平気でやる国なのです。だから、もし日本が台湾に急接近しようものなら、一万を超える企業とその社員を人質にして、日本に圧力をかけてくることになるでしょう。

だからこそ、まずは民間で日台交流を推進すべきです。幸いにして台湾人は日本に親しみを感じてくれているし、日本人も同様です。

台湾は明日の日本だと思います。台湾に迫っている危機は、やがて日本にもやって来るのです。いわば日本と台湾は運命共同体と考えてもよいでしょう。

もともと、日本の敗戦によって引き裂かれた両国なのです。日台が力を合わせてアジアの脅威に立ち向かわなければならないと思います。

在日四〇年で断言できること

中国メディア「新華網」が、二〇一五年八月一七日、「日本人が中国の言うことを聞かない背景には日本の『小中華思想』がある」という内容の記事を掲載しました。「サーチナ」では、以下の通り解説しています。

〈(「新華網」の)記事は古代から近代に至るまでの歴史を振り返る形で、日本の「小中華思想」について紹介。(中略)六〇八年にも日本側が「東の天皇が西の皇帝に敬白す」として日本と中国が対等であることを示す文書を送ったと解説。「中国に対する自己卑下意識を、日本独自の考え方に変えたのは聖徳太子だった」と論じた。

それ以後、日本は非常に自覚的に中国との対等な関係を保つことに注力し、中国に対して決して屈服しない心理を持つに至ったと説明。(中略)さらに、東アジアの冊封体制における「中華思想」の影響を受け、早い時期から日本にも「小中華思想」が出現、自らを「中国」として日本列島上でまだ統治が実現できていない部族を「夷」と称する考え方が生まれたと解説した。

さらに、中国が異民族による支配を受けると、日本人は朝鮮同様「中華はすでに滅んだ」と認識するようになり、自らこそが中華文化の正統な継承者であるとの認識を持つようになったと指摘。とくに清朝成立以降には、日本人が清朝人を「豚尾《とんび》」、「辮髪《べんぱつ》坊主」と嘲笑《あざわら》うようになり、一部の知識人からは「中国」、「中華」という呼び名に対する疑問の声まであがったとした〉（二〇一五年八月二一日付「サーチナ」）

ツッコミどころが満載の記事ではないでしょうか。

まず、日本は「中華文化の正統な継承者である」といっている日本人に、私は一度も会ったことがありません。日本で「中華」といえば、せいぜい「中華料理」くらいなもので、中国より美味しい中華料理が食べられるという点では、日本は中華料理の正統な継承者なのかもしれません。

それは前述した通り、日本が他国の文化を上手に取り入れる国だから成し得たことであり、だからといって日本が中華なのではありません。日本は日本なのです。

それから、〈東アジアの冊封体制における「中華思想」の影響を受け、早い時期から日本にも「小中華思想」が出現〉という意見にも賛同できません。

そもそも日本人は「中国が世界の中心だ」とは考えていないからです。世界一厄介な国だと思うことはあっても、世界の中心だなどとは思っていません。また、現代を生きる日本人は、中国という国に対して、コンプレックスなど微塵《みじん》も抱いていないのです。

そして重要なのが、日本人は他の民族を見下すような人たちではない、ということです。これは四〇年以上にわたって日本で生活してきたアメリカ人たる私がいうのだから、間違いありません。

もちろん、差別というのはどこの国にもあるものです。また、他言語が話せる日本人は多くないので、外国人に誤解されてしまうことはあるかもしれません。しかし、日本人は中華思想に囚《とら》われた中国人のように、他民族を見下し、弾圧を加えるような民族ではないと私は断言できます。

加えて、小中華思想に支配された韓国人のように、中国に遜《へりくだ》り、それ以外の民族に偉そうに振る舞う民族でもありません。どんな人たちに対しても平等に接し、少なくともそれが人間の理想であることを誰もが認め、自分もそうありたいと意識している――それが日本人なのです。だからこそ、日本は世界から尊敬を集めているのだと思います。

中国や韓国は、そのような日本に嫉妬《しっと》し、今後も日本を批判し、攻撃を仕掛けてくるでしょう。しかし、それに負けてはなりません。先人が命を懸けて日本を守ってきたように、いまを生きる日本人にも、自分の力で日本を守るという意識を強めてもらいたい。私は心から、そう願っています。

ケント・ギルバート

1952年、アイダホ州に生まれる。1970年、ブリガムヤング大学に入学。翌1971年にモルモン宣教師として初来日。その後、国際法律事務所に就職し、企業への法律コンサルタントとして再来日。弁護士業と並行してテレビに出演。2015年、公益財団法人アパ日本再興財団による『第8回「真の近現代史観」懸賞論文』の最優秀藤誠志賞を受賞。『日本人の国民性が外交・国防に及ぼす悪影響について』と題した論文は、日本人の誠実さなどを「世界標準を圧倒する高いレベル」と評価。一方、その国民性が「軍事を含む外交分野では最大の障害になる」とした。

著書には、2017年売上No.1新書に輝いた『儒教に支配された中国人と韓国人の悲劇』(講談社+α新書)などがある。

講談社+α新書 754-2 C

中華《ちゅうか》思想《しそう》を妄信《もうしん》する中国人《ちゅうごくじん》と韓国人《かんこくじん》の悲劇《ひげき》

ケント・ギルバート

2018年2月20日第1刷発行

発行者―――――鈴木 哲
発行所―――――株式会社 講談社
東京都文京区音羽2-12-21 〒112-8001
電話 編集(03)5395-3522
販売(03)5395-4415
業務(03)5395-3615
カバー写真―――森 清
デザイン――――鈴木成一デザイン室
カバー印刷―――共同印刷株式会社
印刷―――――慶昌堂印刷株式会社
製本―――――牧製本印刷株式会社

定価はカバーに表示してあります。

落丁本・乱丁本は購入書店名を明記のうえ、小社業務あてにお送りください。

送料は小社負担にてお取り替えします。

なお、この本の内容についてのお問い合わせは第一事業局企画部「+α新書」あてにお願いいたします。

Printed in Japan
ISBN978-4-06-272995-6